THE Martini

BARNABY CONRAD III

マティーニ

バーナビー・コンラッド三世／山本博訳

早川書房

THE MARTINI
by
Barnaby Conrad Ⅲ

Translated by
Hiroshi Yamamoto
First published in English by
Chronicle Books LLC, San Francisco, California.
First published 2010 in Japan by
Hayakawa Publishing, Inc.
This book is published in Japan by
direct arrangement with
Chronicle Books LLC.

写真
P4,6,7,8,11,22,24,62,70-71,82,85,94,107,109,120 © 門脇光明
P53「イヴの総て」、P60「007／ドクター・ノオ」写真協力（財）川喜多記念映画文化財団

資料提供
MHD ディアジオ モエ ヘネシー株式会社、バカルディジャパン株式会社、サントリー株式会社、
イー・エス・ジャパン株式会社、株式会社 八田

畏友マーティン・ミュラーに捧ぐ。

Contents　目　次

つまらない《ドライな》まえがき　偏見《ツイスト》とともに　・・・・・7

第1章
あいまいな起源　・・・・・15

第2章
マティーニの社会的キャリア　・・・・・25

第3章
文学と映画のなかのマティーニ　・・・・・37

第4章
マティーニと政治　・・・・・63

第5章
偉大なる復活
マティーニは死んだ……マティーニよ、永遠なれ！　・・・・・83

第6章
完璧なマティーニを作るには　・・・・・95

付録Ⅰ
ジンの簡単な歴史　・・・・・121

付録Ⅱ
ベルモットの簡単な歴史　・・・・・127

訳者あとがき　・・・・・131

column

「ギブソンとその他あれこれ」（M・F・K・フィッシャー著）より抜粋●32

『映画、わが自由の幻想』（ルイス・ブニュエル著）より抜粋●42

『007／カジノ・ロワイヤル』（イアン・フレミング著）より抜粋●50

「欺かれたつむじ曲がりたちのために」（バーナード・デヴォート著）より抜粋●66

マティーニ・レシピあれこれ●114

つまらない《ドライな》まえがき　偏見《ツイスト》とともに

それは1935年のハリウッドでのこと、ＭＧＭがクラーク・ゲーブル、ジーン・ハーロウ主演で「支那海」の撮影を進めていた。特別出演のロバート・ベンチリーは、１日の大半をスタジオの水槽に浮かんですごす役をやらされていた。ようやく、陸へあがる許可がおりたとき、つぎの有名なセリフを吐いたといわれている。「この濡れた服は脱いで、ドライなマティーニへ移るとしよう」

のちに、出版業者のベネット・サーフが、それは映画のスタジオではなくサーフ邸での出来事だったと主張したり、アレキサンダー・ウルコット、チャールズ・バタワース、チャールズ・ブラケット、メエ・ウェストあたりがそのセリフの主だと噂され、セリフをいったとされる場所もスクリーンの内と外の両方におよんでいたりするのだが、まあ、このさい、そんな話は一切忘れよう。この魔法のセリフには、ドライ・マティーニの尽きせぬ魅力が凝

縮されている。数オンスのジンとベルモットが——もちろん、正しい割合でミックスされての話だが——その日のつまらぬ悩みや、危険な野心を、すべて奇跡のように消し去ってくれる。白いジャケットをぴしっと着こなしたバーテンダーから「添えるのはオリーブですか？　それともツイスト？」と尋ねられた瞬間、客は、気のきいた会話と、ロマンスと、幸福に包まれた世界へ運ばれていくのだ。

マティーニという言葉は、べつの時代への郷愁を誘うパスポートでもある——自動車がメエ・ウェストのような曲線美を誇っていた時代、女性が淑女か貴婦人であった時代、男性が帽子をかぶっていた時代、取引が握手だけで成立した時代、ボクシングとポロが一般的な娯楽であった時代、われわれがＭＴＶの代わりに映画を生き甲斐にしていた時代、ジャズがホットからクールに変わろうとしていた時代への……。それはまた、男女の関係が〝ロマンス〟や〝情事〟と呼ばれ、マティーニの入ったピッチャーへの愛が恋人同士の愛より大きかった時代、ジンがウェットでベルモットがドライであるかぎりロシアが爆弾を投下しようとしなかろうとぜんぜん気にもならなかった時代だった。それがマティーニ文化だった。

マティーニの原型は早くも1862年に登場したといわれている。しかしこの酒が完成されたのは20世紀に入ってからで、第一次世界大戦が始まるころには、アメリカを代表するカクテルとなっていた。バーナード・デヴォートはマティーニを〝アメリカから世界文化への最高の贈り物〟にほかならないと断言したし、H・L・メンケンは〝アメリカの発明品のなかで、ソネットに劣らぬ完成度を持つ唯一のもの〟と述べた。《ニューヨーカー》で記事を書いていたE・B・ホワイトは、自分は〝ほかの人がアスピリンを飲むような調子で〟マティーニを飲み、80代に入ってかなりになるまで、昼食と夕食にマティーニを流しこんでいたと、自慢げに語っている。「マティーニには……ひとときも止むことのないわたしの耳鳴りをやわらげる効果があり、5時が近づくにつれて、わたしの思いは静謐をもたらす霊薬に向けられる。ジンが鐘の音を止めてくれるのだ」

ヘミングウェイが描く戦争に倦《う》み疲れた主人公たちは〝文明〟の香りが必要になると、かならずマティーニを飲んだし、イアン・フレミングのジェームズ・ボンドは、ステアではなくシェークしたマティーニを飲んだ。財界人のジョン・D・ロックフェラー、俳優のウィリアム・ホールデン、国務長官のディーン・アチスンという、まったく個性のちがう人々が、それぞれマティーニはそれ以外のどんなカクテルよりすぐれていると断言している。フランクリン・ローズヴェルトが1943年のテヘラン会議でスターリンにマティーニを飲ませたときに歴史が作られた。のちに、ニキタ・フルシチョフは、マティーニを〝アメリカの殺人兵器〟と評した。

アブサンがベル・エポック時代のパリを包んでいたボヘミアンの頽廃を象徴していたのと同じように、シンプルでパワフルなマティーニはアメリカン・ドリームに捧げられた液体の聖像《イコン》であった。あなたがマティーニを飲んでいたら、それは、たどりつきたいところに到達したか、あるいは、あとすこしで到達するときなのだ。また、マティーニを好きになるのに、億万長者である必要はない。デイヴ・ブルーベック・カルテットで活躍した偉大なアルト・サックス奏者ポール・デズモンドは、かつて、歯切れが良くて抒情的なスタイルをどうやって築きあげたのかと尋ねられて、こう答えた。「ドライ・マティーニのような音色を出したいという思いが、頭の奥にあったんだ」

「1860年以前の世界、つまり、ドライ・マティーニが存在しなかった世界を思い描くことが、誰にできるだろう」と、Ｊ・Ａ・マクストン・グレアムが1968年に書いている。彼がそう書いた1960年代がマティーニの全盛期であった。「それはきっと、荒涼たる不毛の世界だったにちがいない。働きすぎの疲れた重役を活気に満ちた若々しい仲間に変え、育児に追われる主婦を夜の一時間だけ女王のような気分にさせてくれる、霜のように冷たく、透明な、きら

きら光る酒がないのだから」
　人生に喜びを与えてくれるものの多くがそうであるように、マティーニを飲むことも、やはり逆説をはらんでいる。光り輝くダイヤモンドのように透明な美しさにもかかわらず、飲みすぎれば、野暮な行動や、乱痴気騒ぎや、破滅を招くもとになりかねない。たぶん、この酒によって終わりを告げた恋は、この酒から始まった恋と同じぐらいの数にのぼるだろう。舌鋒の鋭さで有名だった40年代のコラムニスト、ウェストブルック・ペグラーもいっているように〝人々はほかのいかなる理由にも増して、マティーニが災いして、グラスを割られたり、逮捕されたり、離婚されたりしている〟のだ。

70年代後半に入って、アメリカは一時期、マティーニから遠ざかった。ランチにマティーニ３杯という日々が消えたのは、酒気検知器《ブリーザライザー》や、健康志向の高まりや、職場の要請によるものだった。しかし、80年代後半になると、マティーニはしぶとく復活した。とくに、ベビーブーム世代の志向がジンからウォッカへ移ったことが大きな原因だった。国じゅうのバーテンダーから、マティーニがふたたびアメリカの人気カクテルになってきたという声があがっている。なぜだろう。

何人かのバーテンダーは、マティーニの復活は50年代へのアメリカ人の郷愁をあらわすものだと見ている。簡易食堂《ダイナー》、クラシックなコルヴェット、エルヴィス・プレスリーの音楽、グーギーの家具、「ルーシー・ショー」のような古いテレビの連続コメディなどを……。トレンド分析の権威で、マーケティングを専門とするブレイン・リザーヴ社の創立者でもあるフェイス・ポップコーンは《ニューヨーク・タイムズ》のなかで、「マティーニがふたたび人気になるかもしれない。なぜなら、自己否定に代わって自分を甘やかすことがファッションの主流になってきたから」と語っている。

わたしはべつの見方をしている。マティーニが人類に害をなすのか、幸せをもたらすのかという問題はさておき、完璧なマティーニは（観念上のものではあるが）無限の可能性を秘めている。わたしにとって、ドライ・マティーニというのは、なかなか完成に到達できないものに対するアメリカにおける象徴であり、異教徒の聖杯のようなものである。マティーニに惚れこんでいる人々は、うわべのシンプルさが曲者のこのカクテルを、真実の救済（ほんの一瞬ではあるが）、戦争や破産や時の流れに奪い去られる以前の最高にすばらしかった時代をなつかしむチャンスとしてとらえている。かつて、ある友人がウィリアム・F・バックリー・ジュニアにこういった。「ぼくは聖ペテロのもとに行ったら、ドライ・マティーニを発明した男のところへ連れてってくれと頼むつもりなんだ。だって、一言『ありがとう』といいたいから」

神と神々のちがいをいっこうに気にしない人々がいるかと思えば、一部の者は神は唯一無二の絶対的存在と信じている。それと同じように、わたしも本書のなかでは、誰かが無神経な感覚でマティーニについて語った言葉を引用するとき以外は、マティーニの最初に大文字のMを使おうと思っている。宗教と同じく、完璧なマティーニの姿を現実に目にすることはないかもしれないが、それが存在すること、そして、この世の罪を——すくなくともつぎの日に二日酔いが始まるまでは——祓ってくれることを、人はすなおに信じている。マティーニを信じる者はカクテルアワーのあいだに救済されるであろう。

昔、シカゴでほかにすることもなかったころは、よく、新しいカクテルを工夫しては一人で楽しんでいたものだが、落ちついて考えてみると、ドライ・マティーニに勝るものはひとつもない。

――W・サマセット・モーム

「エドワード・バーナードの転落」（1921年）

第１章　あいまいな起源

わたしがマティーニに初めて興味を持ったのは、たぶん子供時代だったと思う。50年代から60年代にかけて、うちの父がサンフランシスコで〈エル・マタドール〉という名のバーをやっていた。タイロン・パワー、デヴィッド・ニーヴン、エヴァ・ガボールなどが常連の小粋な店で、みんな、ごきげんなジャズと冷えたマティーニが目当てで通ってきていた。わたしが10歳で初めてカウンターにすわったとき、飲んだのはジンジャー・エールだったが、マティーニのシェーカーが立てるガラガラいう音をきいて、心を奪う魔力を感じたものだった。そのときのわたしはクールではなかったが、マティーニが冷えたもの《クール》であることはわかっていたので、いつかきっと飲

前ページ／禁酒法時代、もぐり酒場に入るには、特別のノックか合言葉が必要だった。

んでやろうと心に決めた。こう見てみると、マティーニはやはりサンフランシスコ生まれなのだろうか。

いや、たぶんちがうだろう。

カクテルの歴史というのはほとんどが神話のベールに包まれているが、マティーニも例外ではない。マティーニの起源については、アメリカにすくなくとも３つの説がある。

多くの者はこの飲みものは、最初は、伝説のバーテンダーといわれるジェリー・トマス〝教授〟によって〝マルティネス〟と名づけられたのだと主張している。トマスは1825年にコネチカット州ニュー・ヘイヴンで生まれ、1849年に船で南米のホーン岬をまわって、ゴールドラッシュの全盛期にサンフランシスコにたどりついた。〈エル・ドラド〉のバーテンダーになったトマスはオリジナル・カクテルの考案で有名になり、炎をあげるアルコールを、純銀のシェーカー２個のあいだでやりとりするという芸当で、客を魅了した。

ニューヨークでしばらく働いたあと、サンフランシスコにもどり、モンゴメリー通りの〈オクシデンタル・ホテル〉のなかでバーをひらいた。語り伝えられる伝説によると、カリフォルニアのマルティネスという町へ向かう途中の旅人がこのバーに入ってきて、テーブルに金塊を投げだし、何か特別なカクテルを作ってくれと、トマスに頼んだという。「承知しました。さあ、ご旅行の無事を祈って工夫した新しい飲みものですよ」と、トマスはいった。「マルティネスと呼ぶことにしましょう」この幸運な瞬間がいつのことだったのか、日付は不明だし、くわしい記録として残されたのも、H・L・メンケンのやっていた月刊誌《アメリカン・マーキュリー》でハーバート・アズベリーがトマスの人物紹介をしたときが初めてだった。

伝説のバーテンダー、〝教授〟ことジェリー・トマスがブルー・ブレイザーを作っているところ。

これだけでもすてきなエピソードだが、トマスをめぐる話はそれだけにとどまらない。1862年、教授は『バーテンダーズ・ガイド』という、バーテンダー向けの初の総合的マニュアル本を出版した。たちまちベストセラーとなり、彼の評判をさらに高めた。教授は1865年にニューヨークへ移り、トム&ジェリーとか、炎をあげるブルー・ブレイザーといったカクテルを考案して、ニューヨークの名バーテンダーの１人といわれるまでになった。生のミンストレル・ショーを主催しただけでなく、有名な政治漫画家トマス・ナストの初の個展を自分の酒場でひらかせた。『バーテンダーズ・ガイド』は何回か重版になり、とくに、1887年の最後の版では大幅な加筆がなされて、24種類のカクテルのレシピが加わり、そのひとつにマルティネスも入っていた。レシピはつぎのとおり。

小さめのシェーカーを使う
ビターを１滴
マラスキーノを２滴
ベルモットをワイン・グラス１杯
小さな氷片を２個
ジン（オールド・トム）を小さなグラス１杯
よくシェークして、大きなカクテル・グラスに入れる
薄切りレモン1/4切れをグラスに浮かべて出す
（客がかなりの甘口を好む場合は、ガム・シロップ２滴を加える）

このレシピからすると、現代のマティーニとはあまり似ていないようだ。呼び名だけは似ているものの、ほとんどキャンディに近いような教授のカクテルは、ロンドン・ジン（〝オールド・トム〟という名で知られる、甘みをつけたジン）で作られていた。現代のマティーニ愛好家なら、このようなジンをグラスに近づけることはけっしてないだろう。それから、もっと困った事実がひとつある。マティーニの歴史を語った定評ある文献のいくつかが、トマスの本の1887年版は1862年版とほぼ同じだという誤った解説をして、そこから、トマスは早くも1862年には

このカクテルを考案していたのだという結論を導きだしているのだ。しかしながら、62年版にのった10種類のレシピのなかにマルティネスは入っていなかった。

20世紀を迎えるころには、アメリカのバーテンダー向けマニュアルの多くに、マティーニと呼ばれるカクテルのレシピがのるようになっていた。その作り方も、甘口ベルモットとジンを同量ミックスして、好みでオレンジ・ビターをすこし加えるという、シンプルなものに変わっていた。

マティーニの人気が高まるにつれて、その起源についての議論も盛んになり、第二の説が誕生した。これを〝マルティネス物語〟と呼ぶことにしよう。カリフォルニア州マルティネスの住民が、つぎのように力説しているのだ。1870年ごろ、サンフランシスコからやってきた金鉱掘りの男がボトルにウィスキーを補充したくて、マルティネスのフェリー通りにあったジュリオ・リシュリューの酒場で馬を止めた。リシュリューはニューオーリンズからコントラ・コスタ郡にやってきた若いフランス人だった。金鉱掘りは金塊の入った煙草入れをカウンターの秤のそばに放りだし、リシュリューにボトルを渡した。バーテンダーは大きな樽からボトルになみなみとウィスキーを入れたが、旅人はこれではまだ足りないといった。金塊とウィスキー代の差額を埋めるために、リシュリューはグラスをとり、カクテルをこしらえて、そこにオリーブを落とした。「なんだ、それは」金鉱掘りがきいた。「これはですね」リシュリューは答えた。「マルティネスというカクテルです」
リシュリューはマルティネスからサンフランシスコに移って、そこで酒場をやるようになった。最後に持った店は、カーニー通りとマーケット通りの角にあった〈ロタズ・ファウンテン〉だった。店では無料のランチと数多くの粋なカクテルが出されたが、1880年代にはマルティネスが彼の看板だった。リシュリューはバーテンダー向けマニュアルを出して自分の権利を主張するといったことはしていない。しかし、マルティネスの町はいまでも、ここがマティーニ発祥の地だと主張している。1992年には、この〝事実〟を宣言するために、熱狂的なグループがアルハンブラ通りとマソニック通りの角に真鍮の記念碑を建てた。
さらには、ヨーロッパが起源だという説もある。ニューヨークの〈ニッカーボッカー・ホテル〉にいた移民のバーテンダー、マルティーニ・ディ・アルマ・ディ・タッジアによって、イタリア起源説が浮上してきたのだ。その主張によれば、彼は第一次大戦前からすでに、ドライ・ジンと、ドライ・ベルモットと、オレンジ・ビターを使った飲みものを作っていたという。この話を、カクテルの名手といわれたイギリスのバーテンダー、ジョン・ドザットが彼の著書『酒と飲酒の世界』のなかで裏づけている。さらにべつの、ベテランのイタリア人バーテンダー

（ジェノヴァの〈サヴォーヤ・マジェスティック・ホテル〉にいた有名なルイージ）が1912年に〈ニッカーボッカー・ホテル〉でマルティーニのマティーニを飲んだという思い出を語るのを、ドザットはテープに録っている。しかしながら、1912年では遅すぎて、シニョール・ディ・アルマ・ディ・タッジアは模倣者ということになってしまう。

イギリスの言い伝えでは、この酒の名前は、1871年から1891年にかけてイギリス軍で使われていたマルティーニ・ヘンリー銃というライフルに由来するといわれている（この大口径の殺人ライフルを発明したのは、じつは、フリードリッヒ・フォン・マルティーニという名のスイス人だった）。ライフルには発射時の反動、マティーニにはきりっとした味、どちらも英語でいえば〝キック〟という共通点があった。オクスフォード英語辞典（ＯＥＤ）を見ると、マティーニという言葉が最初に使われたのは1894年になっていて、ヒューブライン社のクラブ・カクテル（あらかじめミックスされた製品）の宣伝がその例としてあげられている。ただし、〝マティーニ〟がマルティーニ＆ロッシ社のベルモットからきているとするＯ

バーテンダーのマルティーニ・ディ・アルマ・ディ・タッジアは、自分が1912年にサンフランシスコの〈ニッカーボッカー・ホテル〉で初めてマティーニを作ったのだと主張していた。

ＥＤの説明は誤りである。当時、このブランドはまだアメリカへ輸出されていなかったのだから。

さらにややこしいことに、レシピは現代のマティーニと似ているが呼び名はちがうというカクテルが、ほかにすくなくとも２種類、初期のバーテンダーたちによって記録されている。1896年、トマス・スチュアートがニューヨークで『スチュアートの粋なカクテルとその作り方』というマニュアルを出版し、そのなかで、マルケリート・カクテルと名づけた酒のレシピを披露している。

オレンジ・ビター少々
プリマス・ジン2/3
フレンチ・ベルモット1/3

プリマス・ジンは、オールド・トムとちがって甘くなかった。フレンチ・ベルモットは辛口だった。

そして、オレンジ・ビターは古典的なドライ・マティーニの材料として、1950年代に入るまでつねにレシピに加えられていた。わたしにいわせれば、このレシピこそが現代のマティーニを記録に残した初めてのものである（マティーニそのものが辛口になったあと、マルケリート・カクテルは卵の白身とライムジュースを加えた飲みものに変わっていった）。

事態をさらにややこしくしたのが、マティーニ研究家のローウェル・エドマンズ（「銀の弾丸」の執筆者）で、彼は、1884年に出されたO・H・バイロンの著書『モダン・バーテンダーズ・ガイド』のなかに、マルティネスのレシピが出ていることを立証した――つまり、ジェリー・トマスの本よりこちらのほうが3年早いというわけだ。それから、記録を見てみると、マティーニという言葉が初めて使われたのは、1888年にハリー・ジョンスンが出版した『挿絵入りバーテンダーズ・マニュアル改訂版――当今のカクテルの作り方』のなかでだった。しかし、前にあげた例と同じく、このレシピにも甘口のジンが使われていて、おまけに、著者のジョンスン氏は〝マルティネス〟の挿絵をつけるというずさんなやり方で、論理の水を濁している。

結局、誰がマティーニを考えだしたかを断定するのは無理かもしれないが、カクテル時代の幕開けとなった1900年には、マティーニという言葉は大西洋の両側のバーテンダーたちがふつうに使う言葉となっていたのだった。

〈テンダー〉の上田和男バーテンダー。
手堅いマティーニをつくる。

ここのマティーニグラスは小ぶり。オリーヴを入れる。

我々は旅立ちの当日につきもののあの勇みたった気分でバーに乗り込み、マーティニを四杯飲んだ。カクテルを一杯飲んでしまうと、彼は人が変ったようになった。突然手をのばして、楽しそうに僕の膝をぴしゃりと叩いたが、この何カ月かというものそんな陽気さを見せたことはたえてなかった。

――F・スコット・フィッツジェラルド

「リッチ・ボーイ」（1926年）村上春樹訳

第2章　マティーニの社会的キャリア

ジンは最初のオランダ人入植者とともにアメリカにやってきたが、建国後100年のあいだは、ウィスキーやブランディに比べると人気がいまいちだった。19世紀の終わりごろには、アメリカのウィスキー・メーカーの登録商標が約1600あったのに対して、ジンはわずか60だった（ベルモットはひとつもなかった。アメリカでまだ製造が始まっていなかったから）。マティーニはすくなくとも１世紀前に誕生していたが、黄金時代が始まるのは20世紀に入ってからである。

早くも1904年には、Ｏ・ヘンリーが「お人好しの詐欺師」のなかにマティーニを登場させている。これは、フランス語のできるピケンズとその相棒のカリギュラ・ポークがジョージア州マウンテン・ヴァレーでもっとも裕福な市民を誘拐し、豪華な食事で下へも置かぬもてなしをしようと決心するという、ユーモア溢れる短篇である。

そこで、ぼくたちは十二時に、ミシシッピ川

禁酒法時代、国税庁の役人がニューヨーク市マルベリー通りにあった建物の壁をこわして突入し、密造酒の蒸留器を発見。

> の蒸気船で出される宴会料理みたいな熱々のランチを用意した。それを、二つか三つの大きな箱の上にならべて、赤ワインの一クオート瓶二本の栓を抜き、オリーブと、缶詰の牡蠣のカクテルと、できあいのマティーニを大佐の皿の横に置いてから、「メシだよ」と大佐を呼んだ。

この一節から2つのことがわかる。ひとつは、マティーニは今世紀の初めには、O・ヘンリーが説明なしで作品に登場させられるぐらい有名になっていたということ。もうひとつは、酒造会社が——いかにもアメリカらしいやり方だが——できあいのマティーニをすでに市場に出していたということ（たしかに、1894年にはすでに、ヒューブライン社からミックスずみのマティーニが売りだされていた）。

カクテルは——それもジンを使ったものはとくに——人気が高まるいっぽうだった。マティーニの急速な台頭は第一次大戦のあいだに始まり、禁酒法制定運動の初期の頃にいったんしばらくは人気が落ちたが、そののち、皮肉にもふたたび上昇した。しかし、1920年1月16日になって、36の州が憲法修正第18条を批准して、アルコール飲料の販売が法律で禁止された。アメリカじゅうのバーと居酒屋がドアを閉じたが、その多くはどこかで、もぐりの酒場《スピーク・イージー》として商売を再開した。密造酒造りの連中は、飲むに耐えるジンのほうがウィスキーよりも造りやすいことを知り、密造ジンが暗黒街の液体通貨になった。

〝もぐり酒場のなかには、花屋の裏や、葬儀屋にならんだ柩の奥でこっそり営業しているところもある〟と、ニューヨークにいたあるフランス人は報告している。〝わたしも１軒知っている。ブロードウェイにあって、偽の電話ボックスから入れるようになっている〟。〈21クラブ〉は当時〈ジャック・アンド・チャーリー〉と名乗っていて、警察の手入れを逃れる方法をちゃんと準備していた。緊急ボタンを押すと、ボトルがシュートをすべって地下室におりる仕掛けになっていたのである。

禁酒法で都会のレストラン商売はさびれ、ニューヨークの〈デルモニコ〉のような、ワインとシャンパンを看板にしていた高級レストランはまもなく廃業に追いこまれた。そして、アメリカ人の酒の飲み方も変わっていった。全国的に見れば酒の消費量は落ちているのに、都会では１人あたりの飲酒量が増加して、蒸留酒をガブ飲みという傾向が強くなった。

スペインのシュールレアリスムの映画監督、ルイス・ブニュエルはマティーニの熱烈なファンで、1982年に出した回想録『映画、わが自由の幻想』にこう書いている。

たとえば一九三〇年代の禁酒法時代に、アメリカで五カ月過ごしたことがあるが、あんなに飲んだ時期はないと思う。わたしにはロサンジェルスで酒の密売をやっていた友人があって——彼のことはとてもよくおぼえている、片方の

1934年、ニューヨーク市のスタンド式バーでふたたびハードリカーが飲めるようになったことを祝って、〈グリニッチ・ヴィレッジ・イン〉の客たちが乾杯。

手の指が三本、なかった——この男に、本物のジンとにせもののジンの見分けかたを教わった。しかるべきやりかたで、瓶をゆするだけでよろしい。本物のジンなら、泡が立つ。

医者の処方箋を持って行けば、薬局ではウィスキーも出してくれたし、レストランによっては、コーヒー茶碗で葡萄酒を出すところもあった。

1934年に禁酒法が廃止されるまで、アメリカ人がアルコール度数の高い、香りも高いジンに触れる機会はほとんどなかったが、安物のジンなら簡単に造ることができた。「ジンの熟成期間というのは、だいたい、密造場所であるバスルームからカクテル・パーティがひらかれている最中の表のポーチまで運ぶあいだをさす」と、ある酒の本に書かれている。だから、バーテンダーたちはジンの半量のベルモットを〝おしゃれに〟添えて、密造ジンの味をごまかしていた。マティーニはレモン・ツイストを添えた小さな冷えたグラスで飲むものとなった。

禁酒法時代のジンはけっして極上の品ではなかったので、粗野な味をごまかすために、新しいカクテルがつぎつぎと考案された——とくに、ご婦人方のために。1934年、《ヴァニティ・フェア》にマルティーニ＆ロッシ社のこんな広告がお目見えした。

〝あっというまに消えつつあります。うれしいことに——お酒のあとの、あのひどい胸焼けが。ふたたび、洗練されたカクテルが好まれるようになりました——マティーニが……〟

禁酒法を廃止する修正条項に署名したあと、フランクリン・ローズヴェルト大統領はホワイトハウスで初の合法的マティーニをこしらえた。カクテルはもぐり酒場から合法的な酒場へ移り、最後は家庭の居間に移って、どこの家庭でも、ラジオをきくこととカクテル・アワーがアメリカ人としての習慣になっていった。いまや、ロンドン・ジンがイリノイ州ピオーリアのような土地で製造され、カリフォルニア州モデストのような街ですら、ベルモットを造るようになっていた。

40年代に入るころには、マティーニに使われるジンの量が多くなり、ジン３ないし４に対してベルモット１という比率になっていた。ベルモットの量がすくなければすくないほど、マティーニは〝ドライ〟になる。ロバート・ベンチリーはどんな悩みでも、たいていは、ジンと〝見た目のいやらしい水っぽさを消すのに必要なだけの量のベルモット〞で解決していた。酒飲みのなかには、あくまでドライにとこだわるあまり、シェーカーの内側をベルモットでざっと濡らしてから、捨ててしまう者もいる。〝イン・アンド・アウト〞と呼ばれる方法である。さらに極端に走ったこだわり派もいた。ウィンストン・チャーチル卿などは、ご当人の話によれば、ジンをピッチャーに入れ、部屋の向こうに置かれたベルモットのボトルをちらっと見るのが、彼流のマティーニの　作り方であった。

このキャンディはアルコール抜きのマティーニの味がした。

　マティーニは第二次大戦中にアメリカの活力の波に乗って広がり、その波は50年代に戦後の好景気のなかで頂点に達した。いまや〝銀の弾丸〞〝シー・スルー〞という名で親しまれるようになり、アメリカの中流よりやや上の階級を象徴するものとなった。成功した人間には、新しい地位にふさわしい飲みものが必要だった。詩人のアン・セクストンは「シンデレラ」と題する詩のなかで、不動産で一夜にして財を築き、〝ランチをホモ牛乳からマティーニに変えた〞牛乳屋のことを描いている。

　この流行にはマイナス面もあった。C・B・パーマーが50年代のことをこう述べている。〝しかし、ニューヨークには、生産にあてられるべき勤務時間を減少させ、多くのバーテンダーの親切な気性を破壊している災いがあって、それは「ものすごくドライなマティーニ」と呼ばれています。それは、集団の狂気、カルト、乱心、一連の民間伝承、秘法、この10年の歳月に「麻痺した（もしくは、どんよりした）50年代」というあだ名がつけられるもととなった熟練の技なのです。……公共の場所にある磨きこまれたマホガニー・カウンターのどこを見ても、また、無数の個人宅のリビングをのぞいてみても、話題は世界の危機や、（大統領選の立候補者である）

「ギブソンとその他あれこれ」より抜粋

M・F・K・フィッシャー

わたしが生まれて初めて飲んだマティーニは、船酔い防止のためという、完全に薬代わりのものだった。そして、味覚の鋭さが衰えるのに正比例してマティーニの味わいをじっくり楽しめるようになってきたにもかかわらず、正直に白状すると、わたしはいまだに、マティーニというのは、落ちこんだ精神や、疲労もしくは不調に悩まされる肉体や、さらには、社交性のなさすぎる自分をしっかり支えてくれる道具なのだと思っている。飲む量を何杯にとどめるべきか、いつ、どこで飲むべきか、また、どんな理由で飲むべきか、わたしなりに心得ているつもりである。行儀よくふるまい、自分がマティーニに示す肉体的・精神的反応をすべて把握しておくことで、退屈したときからひどく落ちこんだときまで、悪くすれば自分の負けになっていたかもしれない多くの場面で、勝利をおさめることができた。上手に造られたドライ・マティーニ、もしくはギブソンがキリキリに冷やされ、小粋に運ばれてくると、それはわたしにとって、いかなる２本足の生き物よりも信頼できる友達になるのだった。

エステス・キーフォーヴァーの当選の見込みではありません。いかにしてマティーニをドライにするかということなのです〟

60年代には、トム・レーラーが〝若さでいっぱいのハート、真実でいっぱいのハート／ジンが６ならベルモットは１さ〟と歌った。この10年間に、ドライへのこうしたこだわりを満足させるための道具があれこれ作られた。ベルモットの量を正確に計るために、ゴーハム社のマティーニ・スパイク（大きな銀のスポイト）や、インヴェント社の大型スポイト

しかし、この酒は危険もはらんでいる。マティーニを飲むときは、その前にいくつか確認することにしている。いちばん重要なのは、どのくらいの時間で料理にありつけるかということだ。みんながだらだら飲みつづけていそうだったり、食事の前にゆっくり時間をかけて酒を楽しもうという気持ちがホストの目に浮かんでいたり、ホステスがやけにのんびりしていて料理をテーブルに出す気配もなかったり、これらのおかげでわたしの熱意がたとえわずかでも冷めてしまったりしたら、ジンとベルモットとレモンの皮がいくらみごとにミックスされていようと、わたしは「ノー」と答えることにしている。

その反対に、１時間以内にちゃんとした料理を口にできるとわかっていて、くつろいだ気分になれるときは、アルコールの心地よさに酔うという本物の楽しみを自分に許すことにしている。

《アトランティック・マンスリー》1949年１月号

ゴードンのジンの広告、1951年。ラベルの両脇に、ジンの主要成分であるジュニパー・ベリーが描かれているのが特徴。

が登場した。また、シェーカーの内側にベルモットをスプレーするためのアトマイザーも登場した。《グルメ》の1968年の号に、J・A・マクストン・グレアムが奇天烈な実験の話を書いている。

２年前に、シカゴで、マティーニの味の好みを分析しようという試みがなされた。マティーニ・マティックという趣味の悪い名前をつけられた機械のダイヤルを、無作為に選ばれた3426人の人々がまわして、好みの強さを選ぶという形がとられた。職業

によって、ブレンドの割合がはっきりと分かれた。ジンとベルモットの割合が、教師、工員、会社員は３：１、営業マン、バイヤー、エンジニアは４：１、広告業界の人間は５：１、編集者は７：１という結果になった。

もっと突飛な発明品もあった。ある実験者はゴム手袋と零下200度の液体窒素を使って、棒にさしたマティーニ味のアイスキャンディをこしらえた。ペンシルヴェニア州の会社、ジョン・ワグナー＆サンズでは、マティーニに含まれる植物成分すべてを甘いキャンディに入れて、ドライ・マティーニという名の製品を造りだした。その箱には、笑顔のイヌイットと人なつこい北極グマがマティーニのグラスをあげて北極で乾杯、という絵が描かれている。

アーネスト・ヘミングウェイですら、徹底的に冷たいマティーニをこしらえるために彼なりの方法を工夫し、友人への手紙にそのことを書いている。

ぼくたちはテニスボールのチューブを使って、零下15度のカチンカチンに凍った氷を作る方法を見つけた。グラスも凍らせておけば、世界でいちばん冷たいマティーニの誕生だ。グラスの底をおおう程度のわずかなベルモットと、ジン3/4オンスと、歯触りのいいスペイン産のカクテル・オニオンを合わせてグラスについだときも、キリキリに冷えた状態を保つことができる。

彼にのしかかった緊張は強烈だった……その日の終わりごろには、へとへとに疲れてしまい、かつて一度もなかったことだが、アルコールがもたらす忘却という壁のかなたに安らぎを見いだそうとしていた。タクシーでまっすぐホテルにもどり、まっすぐ自分の部屋へ行き、すぐさま、延々と飲みつづけることになるダブル・マティーニの最初の一杯をこしらえた。

——ジャック・ロンドン

『バーニング・デイライト』（1910年）

第3章　文学と映画のなかのマティーニ

アメリカの大物作家のなかで、マティーニを権力のシンボルとして使ったのは、ジャック・ロンドンが最初だった。彼の長篇『バーニング・デイライト』の主人公、イーラム・ハーニッシュは、1898年のユーコン川のゴールドラッシュで莫大な財をなし、やがてサンフランシスコの財界の大立て者となる男である。徐々にのしあがっていくなかで、安ウィスキーから高級カクテルへと好みを切り替え、成功の重圧から逃れるために深酒をするようになる。そののち、あっというまに零落してしまう。

前ページ／1934年公開の「影なき男」で、私立探偵ニック・チャールズ（ウィリアム・パウエル）が依頼人のドロシー・ワイアント（モーリン・オサリヴァン）とマティーニで乾杯しているところ。じつをいうと、このシーンは宣伝用のスチールで、映画のなかには出てこない。

ロンドン自身も底なしの酒量を誇っていたが（それが祟って40歳で死亡）、自分でカクテルを作ったことは一度もなかった。サンフランシスコのバーテンダーが大量のマティーニをこしらえて、ソノマ郡のヴァレー・オヴ・ザ・ムーンにある作家の隠遁所、ウルフ・ハウスまで送っていたのだった。

20世紀の初めには、アメリカのカクテル人気がヨーロッパにも伝わって、アメリカ風のバーが最新の流行となっていた。トゥールーズ・ロートレックがいたころのパリのカフェでも、イヴリン・ウォーのころのロンドンのクラブでも、マティーニは〝ジン・アンド・フレンチ〟もしくは〝ジン・アンド・イット〟と呼ばれていた。ヘミングウェイの『武器よさらば』に登場する若き主人公で、彼の分身ともいうべきフレデリック・ヘンリーは、第一次大戦の残虐な苦しみから自分をひき離そうとするとき、どうすれば悩みを忘れ去ることができるかをちゃんと知っている。〈ザ・グランドホテル＆デ・イル・バロメー〉で恋人のキャサリン・バークレーと待ち合わせ、バーへ行く。「サンドイッチが運ばれてきたので、ぼくは３切れ食べて、マティーニをさらに２杯おかわりした」と彼はいう。「あんなに冷たい透明なものを飲んだのは初めてだった。すごく洗練された人間になったような気分だった」

禁酒法時代（1920～1934）には、アメリカ人がおおっぴらに酒を飲みたければ海外へ行くしかなかった。1926年に発表されたジョン・トマスの小説『ド

次ページ／マルティーニ＆ロッシ社の広告、1954年。

For a dry aperitif
DRY
MARTINI
better drink
MARTINI
vermouth

ライ・マティーニ／紳士は愛を求める』には、祖国を離れてパリで放蕩三昧の暮らしを送るアメリカ人、ウィロビー・クウィンブリーの人生が描きだされていた。クウィンブリーは愛人と暮らしていて、実の娘にはもう何年も会っていない。ようやく娘と再会したとき、その旅に付き添ってきた若い女と道ならぬ恋に落ちてしまう。そのあと、別れた妻がふたたび彼の前にあらわれ、クウィンブリーは妻にもやはり恋心を燃やすが、妻がよその男と結婚するつもりでいることを告げられる結果となる。小説の終わりで、クウィンブリーは冒頭と同じ孤独にさいなまれている。〝自由という牢獄〟にふたたび閉じこめられた彼は、ひとつだけ、まともなことをする。〈リッツ・ホテル〉のバー〈ダンの酒場〉へもう一度足を向けるのだ。

> 「ドライ・マティーニを頼む、ダン」カウンターの下のレールに満足げに足を置きながら、ウィロビー・クウィンブリーはいった。

マティーニ伝説に登場する偉大な哲人に、ラトガーズ大学古典学部の学部長、ローウェル・エドマンズがいる。エドマンズは「銀の弾丸」と題した学術論文のなかで、マティーニを飲むということの儀式的側面について述べている。まずは、みんなで飲むマティーニ。バーで仕事仲間と飲むとか、クラブで友人と飲むとか、あるいは、家庭で飲むこともあるだろう。「そのいずれの場合も、マティーニは種族のメンバーを結びつけるトーテムとしての酒なのだ」と、彼は断定する。「ゆえに、マティーニを作るのが客を招いた主人であろうが、バーテンダーであろうが、マティーニ作りは儀式であり、それを作る者は神官の役割を帯びるのである」

その反対側に位置するのが、１人でマティーニを飲む人間。無口ではあるが堅実な酒の世界の探求者で、かなりの量のマティーニを飲んでも、酔っぱらって泣き上戸になったりなどということはない。M・F・K・フィッシャーも誇らしげに述べている。〝上手に造られたドライ・マティーニ、もしくはギブソンがキリキリに冷やされ、小粋に運ばれてくると、それはわたしにとって、いかなる二本足の生き物よりも信頼できる友達になるのだった〟と（ギブソンというのは、レモン・ツイストもしくはオリーブのかわりに、オニオンのピクルスを添えたマティーニのこと）。

もちろん、バーのカウンターに何度かすわれば、アルコール依存症への道を進んでいる社交嫌いの偏屈者に出会うこともあるだろう。「こうした孤独なマティーニは潜在的に、いや、たぶん本質的に、野蛮なものといえよう」と、エドマンズは書いている。「文明の解毒剤となるべき洗練された品というのは、社会から切り離された隔離状態のなかで用いられると、濫用される傾向がとくに強いようだ。だからこそ、マティーニにもつねに、飲みすぎという危険が

この1950年代のしゃれた広告は、ポップアートの世界に入る以前のアンディ・ウォーホルが手がけたものである。

つきまとっている」

　アーネスト・ヘミングウェイはパリとヴェネツィアの時代からニューヨークとキー・ウェストの時代まで、つねにマティーニを飲んでいた。1944年のパリ解放のときには、トラック２台に分乗した自由フランス軍の薄汚い兵士たちをひきつれて、贅沢の砦として世界的に有名だった〈リッツ・ホテル〉へ赴いた。閑散とした〈リッツ〉のロビーで見つかった

『映画、わが自由の幻想』より抜粋

ルイス・ブニュエル／矢島翠訳（早川書房刊）

　いうまでもなく、わたしはバーでは葡萄酒は絶対飲まない。葡萄酒は純粋に肉体的なたのしみであって、どうあろうと、想像力を刺戟してはくれない。

　バーに坐って、夢想をよび出し、維持するには、イギリス産のジンがなくてはならぬ。わたしのごひいきの飲みものはドライ・マーティニだ。わたしが物語るこの人生において、ドライ・マーティニが演じたどえらい役割を思えば、ここで一、二ページはさかなければなるまい。あらゆるカクテルと同様、ドライ・マーティニもたぶん生れはアメリカだろう。それは本来ジンと、それにノワイー・プラットに越したことはないが、ヴェルモットの数滴から成っている。ドライ・マーティニを最高にドライで飲むのが好きな、真のマーティニ党になると、ジンのグラスに手を伸ばすに先立って、ノワイー・プラットの瓶に、ひとすじの日光をさっとよぎらせるべし、という説をとなえるほどだ。アメリカである時期にいわれていたことだが、よいドライ・マーティニは、聖処女マリアの懐胎のごとしでなくてはならぬ。事実、トーマス・アクイナスによれば、聖霊の生成の力は「ひとすじの日光の玻璃窓を毀つことなく過ぐるごと」、マリアの処女膜を通過したのである。ノワイー・プラットの場合も、同じことなのだそうだ。だがここまで来ると、ちと度が過ぎているような気がする。

人影はたったひとつ、おびえきった副支配人だった。ヘミングウェイを見た瞬間、戦前からこのホテルを贔屓にしてくれていた客だと気づいて、副支配人は安堵の息をつき、「ご用があれば承ります」といった。ヘミングウェイは背後で歓声をあげている薄汚い兵士の群れを見やって、副支配人に答えた。「ドライ・マティーニを73杯、頼んでいいかな」

１人で孤独に飲むマティーニが、思いやりのある

ほかにこんなすすめもある。氷が水になって薄まらないように、とびきり冷く、とびきり堅いのを使うこと。水で割ったマーティニほど、いやなものはない。

長い経験の結実であるわたし流のつくりかたを、ここで披露させていただきたい。いつもこのやりかたで、なかなかうまく行っているのだ。

客が来る前日に、グラス、ジン、シェーカーと、必要なものはすべて冷蔵庫に入れておく。手持ちの寒暖計で、氷が零下二十度前後になっていることをたしかめておく。

翌日、友人たちがそろってから、いるものを全部とり出す。とびきり堅い氷の上に、まずノワイー・プラットを数滴と、アンゴストゥーラを小さな茶さじに半杯、たらす。一緒にシェークして、外に出す。二通りの香りがうっすらついた氷だけとっておき、この氷の上に、生《き》のジンを注ぐ。もう一度さっとシェークして、グラスにつぐ。それだけのことだが、これにまさるものはない。

ニューヨークで、一九四〇年代だったが、近代美術館の館長から少しばかり違ったつくり方を教わった。アンゴストゥーラの代りに、ペルノーを少量加えるのだ。これは邪道のように思えるし、それに、この流行はすたれてしまった。

バーテンダーにすら打ち明けられない、砕かれた希望を象徴するものなら、友人といっしょに飲むマティーニは、未来の幸せと繁栄とロマンスをあらわすものである。男と女がグラスを合わせて「２人のために乾杯」とささやくとき、マティーニは強力な催淫剤の役目を果たすことだろう。

ヘミングウェイの長篇『河を渡って木立の中へ』のなかで、年輩の主人公キャントウェル大佐はヴェネツィアの〈ハリーズ・バー〉で19歳のイタリア人の恋人と会う。

「ウェイター」大佐は呼んだ。それから尋ねた。
「きみもドライ・マティーニにする？」
「ええ」彼女はいった。「お願い」
「とてもドライなマティーニ２杯」大佐はいった。
「モンゴメリーだ。15対１」
砂漠で戦った経験を持つウェイターは笑顔を見せて立ち去り、大佐はレナータのほうを向いた。
「きみはすてきだ」大佐はいった。「それに、とてもきれいだし、かわいいし。愛してるよ」

ヘミングウェイが自分の頼んだマティーニを〝モンゴメリー〟と呼んだのは、英国の陸軍元帥にちなんだものだった。伝えられている話によると、第二次大戦中に砂漠での戦闘を指揮していたとき、モンティは味方の軍隊が15対１の割合で敵軍をうわまわっているときしか、ドイツ軍のアフリカ部隊を攻撃しなかったという。ヘミングウェイの創りだした、年をとってはいるが好色な大佐も、若いひたむきなヴェネツィア女より優位に立っているようだ。

「ねえ、マティーニをもう１杯飲みましょうよ」女がいった。「あなたに会うまで、あたし、マティーニなんて飲んだことなかったのに」
「知ってるよ。だけど、きみの飲み方はとてもすてきだ」

このシーンにほのめかされているのは、男性主導の儀式に女性が従属するという図式である。マティーニを飲みながらの口説きは徐々に熱を帯び、ついには、大佐と若い女がヴェネツィアの運河に浮かんだ２人きりの小舟のなかで愛をかわしていることを、漠然とほのめかすシーンで最高潮に達する。

マティーニはまた、ジョン・ドス・パソスの『マンハッタン乗換駅』や、ジョン・チーヴァーの短篇集にも登場する。チーヴァーの代表的な短篇「五時四十八分発」では、意気地のないビジネスマンのブレイクが精神的に不安定な秘書と関係を持ったあと、彼女をクビにする。秘書は復讐を決意して、雨の日にいきなり姿をあらわし、マディソン・アヴェニューで彼のあとを追いかけ、追いつめられた彼は男性専用のバーへ逃げこむ。

　彼はギブソンを頼んで、カウンターに立っている二人の男のあいだに割りこんだ。これなら、彼女が窓からのぞきこんでも、こちらの姿は見

えないだろう。電車で家へ帰る前に一杯やろうという通勤客で店は混みあっていた。雨の夕暮れの不快な臭いが彼らの服とともに――靴や傘とともに――店内に流れこんでいたが、ブレイクはギブソンを一口飲むなり気分がほぐれてきて、周囲の顔を見まわした。平凡で、もう若くはない顔ばかり。悩みがあるとしてもせいぜいが、税率や、誰が販売主任になるかといったことぐらいだ。

最後に、心を病んだ女は通勤電車のなかでブレイクをつかまえ、ブルックスブラザーズのレインコートにピストルをつきつけると、人影のない駅で無理やり彼を電車からおろして、屈辱的な目にあわせる。

マティーニは大人の飲みものである。ミュージカル「メイム」の第１幕では、メイムおばさんの10歳になるませた甥っ子パトリックが居間に飛びこんできて、銀行からやってきた堅苦しい管財人のバブコック氏に挨拶し、「マティーニ、飲みませんか、バブコックさん」と尋ねて彼を唖然とさせる。客はことわるが、パトリックもしつこくて、早い時間にすこしぐらい酒を飲んだって悪いことはない、なぜなら「ウールコットさんがいってたけど、太陽はいつも世界のどこかで沈んだばかりなんだもん」という。このシーンの滑稽さは、まだ半ズボンをはいている少年が堅苦しい銀行家のために、大人の男の酒、マティーニをこしらえるのを見ることにある。「オリ

前ページ／「影なき男」に登場するノラ（マーナ・ロイ）とニック（ウィリアム・パウエル）は容疑者の尾行をするとき以外は、つねに酒を飲んでいる。クリスマス・ツリーの風船を銃弾で割ろうとするニックを、ノラが軽い嘲りの目で見ている。

ーブ入れます？　オリーブは小さなグラスのなかで場所をとりすぎるって、メイムおばさんはいってるけど」
　もちろん、メイムが部屋に入ってくると、マティーニのグラスを手にしたバブコックがいるので、彼女はこう尋ねる。「勤務時間中にお酒を飲んでる姿なんか見せて、感受性豊かな子供の心に、すばらしい第一印象を与えられるとお思い？」
「い、いや、この子が……」バブコックは反論しようとする。
「ご心配なく。ニッカーボッカー銀行に告げ口なんかしませんから」
「ところで、ひとつ質問ですが、この子はどこでマティーニの作り方などを……」
「バブコックさん」メイムは答える。「知識は力です」
　ジョン・レナードが1964年に発表した長篇『裸のマティーニ』の主人公も、当然マティーニを飲む。ブライアン・ケリーは奨学金を受けてハーヴァードで学んでいる上昇志向のアイルランド系の若者、ルームメートのカムストックはセント・マーク高校を卒業してハーヴァードにやってきたワスプの名門の息子である。「ケリーだと！」カムストックが叫ぶ。「そんな名前で何ができるんだ。いかにも貧民街からきましたって感じだぜ」それにもかかわらず、２人は友達になり、カムストックは「マイ・フェア・レディ」のヒギンズ教授よろしく、ケリーを自分の庇護下に置いて、ツイードの背広や、ボタンダウンのシャツや、ローファーの選び方を指導する。ケリーはたちまちのうちに〝髪をクルーカットにするのをやめ、すばらしいマティーニの作り方をマスターする〟。ほどなく、カムストックはハーヴァードの旧家の出である金髪の美女、エリザベス・カークランドをケリーに紹介する。ケリーは彼女に〝マティーニ・ガール〟というイメージを抱くようになる。〝汚れなき処女、冷たい鋼鉄、銀のアイスピック、スカンジナビアの蒼いプール〟。

ケリーが広告会社に就職したあとで、エリザベスは彼をコネチカットにある両親の家へ招待する。マンハッタンからの列車のなかで、貧しい生まれのケリーはもうじき味わえるはずの喜びに思いを馳せる。「リズが帰郷する。そして、自分はスタムフォードの街にある広大な屋敷へ週末に招待された。低いポーチが入江にせりだし、あまり手入れされていない薔薇園と高い生垣があり、真っ黒な顔の召使いが銀のペンギン形ピッチャーからマティーニをついでくれる屋敷へ」

カークランド夫人は彼を暖かく迎えてくれるが、夫人から「ご機嫌いかが」と尋ねられて、ケリーは「お宅でいただくマティーニを楽しみにして、はるばるニューヨークからまいりました」という軽率な返事をしてしまう。女主人は眉をひそめる。「ごめんなさいね。エリザベスがお手紙ですべてお知らせしたと思ってたのに。今夜はマティーニは出ませんのよ。ワインを楽しむパーティなの」
　その夜、エリザベスが淫らに彼に迫ってくるが、気まずい方向へ進むばかりで、ケリーは自分がワスプの世界に合わないことを悟る。ワスプ、それは、自分たちの歴史と伝統を鎧にすると同時に、それに縛られてもいる種族であり、新興勢力にあっという

『007／カジノ・ロワイヤル』より抜粋

イアン・フレミング／井上一夫訳（東京創元社刊）

　ボンドが立つと、その男も椅子をうしろに引いて、テーブルの向こうから陽気に声をかけた。「便乗させてもらってありがとう。一杯おごってもいいな。つきあいませんか？」
　ボンドは、この男が中央情報局《CIA》の男ではないかという気がしていた。一万フランの賭け札を玉の係に祝儀に投げてやり、椅子を引いてくれたボーイに千フランやって、その男といっしょにバーに向かってぶらぶら歩きながら、ボンドは勘が当たっていたのを知った。
「名前はフェリックス・レイター。どうぞよろしく」アメリカ人はいった。
「わたしはボンド――ジェームズ・ボンドです」
「やっぱりそうだった。ところでと――なんで祝杯をあげますか？」
　ボンドはレイターの〝ヘッグ・アンド・ヘッグ〟のロックも自分が注文するといいはってから、バーテンの顔をしげしげと見た。
「ドライ・マーティニはひとつ。ひとつだよ。深めのシャンペン・グラスにいれたやつだ」
「はい、かしこまりました」
「ちょっと待った。ゴードンのジンを三に、ウォツカを一、キナ・リレのベルモットを二分の一の割合で。氷みたいに冷たくなるまでよくシェークして、それからレモンの皮

まに地位を奪われつつある支配階級なのだ。マティーニの夢は地に墜ちる――淫乱なエリザベス自身と同じく裸にされて。マティーニ・ガールはもはや冷たくもなく、純潔でもなく、手の届かぬ存在でもない。彼のイメージするマティーニは魅力を失い、ただの生ぬるいジンと味気ないベルモットに変わって

をうすく大きく切ったやつをいれる。わかったね？」
「かしこまりました」バーテンはこのカクテルの名案に喜んでいるようだった。
「驚いたなあ、そいつはたしかに、うまそうだ」レイターが口を出した。
　ボンドは笑った。「わたしは――その――集中したいときには」説明を加える。「夕食の前に、一杯以上は飲まないことにしてるんですよ。ただ、どうせ一杯きりなら、うんと大きくて、うんと強くて、うんと冷たくて、うんとよくできてるものがいい。何にしてもこまかいやつはきらいでね。とくに、味でも悪かったらかなわない。このマーティニは、わたしの発明なんだ。いい名前を思いついたら、特許をとろうと思ってますよ」
　シェークしたためかすかに泡立っているうすい金色の酒がはいった、露をおいた深いグラスを、ボンドは丹念にながめた。手をつけると、大きくひと口飲む。
「うまい」彼はバーテンにいった。「だが、じゃがいもでつくったウォツカじゃなくて、穀物でつくったウォツカを使うと、もっとうまいんだぜ」
「だが、重箱のすみをつついてもしょうがねえ」バーテンだけに向かって、フランス語でボンドはいい足した。バーテンはにやりと笑う。
「つまり、〝こまかいことをいってもしょうがない〟という意味のことですよ」ボンドはレイターに説明してやった。

しまう。ケリーは逃げるようにニューヨークへもどっていく。この街なら、奨学金を頼りにハーヴァードへ進んだ人間であろうと、独力でのしあがった者が社交界の奇形児みたいな気分にさせられることはないのだ。

マティーニを飲むことは特権階級の娯楽だった——その地位が先祖伝来のものであろうと、自分で築きあげたものであろうと。ダシール・ハメット原作の映画「影なき男」を例にとってみよう。好みの酒はマティーニという粋な私立探偵ニック・チャールズを、ウィリアム・パウエルが演じている。ハメットの小説のなかにマティーニという言葉は出てこないが、この映画が撮影されたのはちょうど禁酒法時代が終わったときで、監督は、ニックが画面にさっそうと初登場する場面をエレガントな〈ノルマンディー・ホテル〉のバーに設定し、３人のバーテンダーにマティーニを造るさいの極意を伝授させている。ニックは３人にこう語る。「いいかい、大事なのはリズムなんだ。シェーカーをふるときに、かならずリズムを持たなきゃならない。マンハッタンのときはフォックストロットのリズムでシェークする。ブロンクスはツーステップのリズム。ドライ・マティーニはつねにワルツのリズムでシェークだ」

そこへマーナ・ロイ登場。ほろ酔い気分の彼を見つけ、それに追いつくためにマティーニを６杯注文する。しばらくして、二日酔いに苦しみながら、額

「イヴの総て」（1950）で、マティーニで乾杯するベティ・デイヴィス（左から二人目）。

にのせていたアイスパックをどけて「何で頭を打ったのかしら」ときく。そこで、ニックは「最後のマティーニだよ」と答える。かつてロンドンのスラム街やアメリカのもぐり酒場でがぶ飲みされていたジンは、その２世紀後、一流ホテルとか、ヨーロッパの貴族やハリウッドの映画スターの客間などで、優雅に飲まれるようになっていた。

わたしは本書のまえがきで、ロバート・ベンチリーが「この濡れた服は脱いで、ドライなマティーニへ移るとしよう」といったと書いた。ことを単純にするためにそう書いたのだが、情報通にいわせると、この話にはまだつづきがあるという。まず、この言葉はしばしば誤って、〈アルゴンキンの円卓〉（〈アルゴンキン・ホテル〉を根城にしていた文学者の集まり）の才人の１人、アレキサンダー・ウルコットのものとされることがある

（バートレット編の引用句辞典1968年版に、その引用が出ている）。ベネット・サーフは1944年に出版した著書『止められるもんなら止めてみろ』のなかで、ロバート・ベンチリーが土砂降りの雨のなかから駆けこんできて、その不滅のセリフを吐いたというエピソードを、くわしく述べている。ベンチリーの息子ナサニエルによると、「『この濡れた服は脱いで、ドライなマティーニへ移るとしよう』なんて、父は一言もいっていません。ただ、父がそういったとき、自分もその場にいたと断言する人は何人もいるでしょうが。じつをいうと、あれは誰かのコラムにあったジョークで、プレス・エージェントがそれを盗んで父の言葉だといいふらし、世間に定着してしまったのです」とのことである。わたしが見つけたもっとも信頼できる説は、ラルフ・キーズ著『七回で終わるナイス・ガイ』のなかにあった。キーズの説によると、1942年の映画「少佐と少女」のなかで、ベンチリーがジンジャー・ロジャーズに「濡れたコートを脱いで、ドライ・マティーニに移ったら？」といったというのだ。脚本を担当したのは、チャールズ・ブラケット（「サンセット大通り」でアカデミー脚本賞受賞）と、監督のビリー・ワイルダーだった。

最近、《ロサンゼルス・タイムズ》のベテラン・コラムニストであるジャック・スミスが、マティーニのセリフの起源についてビリー・ワイルダーに質問した。監督の答はこうだった——わたしがベンチリーからきいた話だが、このセリフはもともと、彼の友達のチャールズ・バタワースがいったもので、アラーの園（ハリウッドの有名なリゾート）でプールに落ちたあとでじっさいにそういったらしい。スミスは、その問題にはそれでケリがついたと思っていたが、やがて読者から投書がまいこんだ。1937年の映画「Every Day's a Holiday（毎日が休日）」で、バタワースとチャールズ・ウィニンガーがつぎのようなやりとりをしているというのだ。

〝スイングの王様〞といわれたベニー・グッドマンは、60年代、スミノフの人目を惹く広告キャンペーンに登場した有名人の1人だった。

ウィニンガー（濡れたタキシードで）暑いよ。全身ずぶ濡れだ。
バタワース　濡れた服を脱いで、ドライなマティーニに移りたまえ。

この映画の脚本クレジットは、主演女優でもあったメエ・ウェストの名前になっている。では、彼女がこのセリフを書いたのだろうか。オクスフォード現代引用辞典には彼女の名前で収録されているし、ジャック・スミスもこちらの説に傾いているが、ラルフ・キーズはつぎのように反論している。「ウェストは悪名高きクレジット狂いで、いかに多くのセリフを代筆させていようと、ほかの誰かとクレジットを分けあうのを嫌っていた」
（わたしはチャーリー・バタワース説を支持したい。彼は30年代から40年代にかけて、弱虫を魅力的に演じていた性格俳優で、一度、わたしの伯父のハントと２人で蒸気船〈ラーリン〉号に乗りこんでハワイ

1961年にスミノフが出したこの広告のなかで、ハーポ・マルクスがホーンを鳴らしている。このあと20年ほどのあいだに、ウォッカの売上がジンに追いつきはじめた。

に向かい、マティーニでさんざん酔っぱらったあげく、とんでもないいたずらを思いついたことがあった。船室の外の廊下を駆けずりまわって、磨いてもらおうと船客がドアの外に出しておいた靴を残らず拾い集め、海へ投げ捨ててしまったのだ！）
「イヴの総て」（1950）では、年老いてきたブロードウェイの女優、マーゴ・チャニング（ベティ・デイヴィス）が、自分が目をかけている野心満々の若きイヴ（アン・バクスター）に自分の動作をすべてまねされ、おまけにフィアンセまで奪われそうになっていることを知ったとき、マティーニで憂さを晴らそうとする。「マティーニをお願い。うんとドライにしてね」といって、さらに〝あの子〟はミルクセーキのほうがいいでしょうけど、とつけくわえる。しかし、イヴは頭の回転が速く、スターたるものが何を注文するかを理解する。「あたしもマティーニ。うんとドライにしてください」パーティの客たちが到着するなかで、デイヴィスはあっというまにマティーニを飲みほし、映画のなかで女優が吐いた名セリフのひとつを口にする。「シートベルトをお締めください。飛行中、かなり揺れますので」
　映画監督のトニー・ブランドからきいた話だが、年輩の監督のなかにはいまでも、その日最後のシーンを撮るときに「マティーニ・ショット、行くぞ！」と叫ぶ人がいるという。エズラ・グッドマンは『ハリウッド五十年の盛衰』のなかで、つぎのように書いている。絶対禁酒主義者の映画会社重役Ｙ

・フランク・フリーマンから楽屋にバーを作る許可をもらった俳優は、若きウィリアム・ホールデンただ１人だった。ホールデンはよく、彼のスタンドインをやる俳優に「角氷をあっためてくれ」といっていたが、これは「カクテルを作ってくれ」という意味の暗号だった。また、グッドマンによると、ホールデンは一度、実験をやってみたくなり、ドライ・マティーニに火をつけて〝ホット・マティーニ〟と名づけたという。

Ｗ・Ｃ・フィールズは年とってから、１日のスタートとして、朝食の前にマティーニのダブル２杯——名づけて〝天使のミルク〟——を飲むようになった。つぎに、パイナップル・ジュースをグラスに１杯、トーストを１枚、そしてまたマティーニを飲むのだった。撮影のときはマティーニをたっぷり入れた特大のカクテル・シェーカーをスタジオに持ちこんでいた。昼の食事はカニのサラダとマティーニだった。フィールズの伝記を書いたロバート・ルイス・テイラーはそのなかで、フィールズが飲んでいたジンの量は１日２クオートにのぼると推定している。夜も更けてくると、フィールズはマティーニをなみなみとついだグラスを頭にのせてバランスをとるという、曲芸をやってみせた。グラスが震えたときは「おっとっと。飲みすぎたようだ」といった。曲芸の腕も自制心もみごとなものだったので、グラスが震えることはめったになく、そんなときは自分への褒美として、グラスの中身をクイッとあけてしまうのだった。

スペインのシュールレアリスム映画の監督ルイス・ブニュエルはマティーニの熱烈な信奉者で、「ブルジョワジーの秘かな愉しみ」（1972）のなかで、スノビズムに満ち満ちたシーンを描いている。フランスの実業家フランソワと、名もなき南米の国からやってきた、麻薬の密輸業者でもある大使のラファエルが、魅力的な女性たちのためにカクテルを造っている。

フランソワ　みんな、ドライ・マティーニ？　これ以上の精神安定剤はないね。女性誌にそう書いてあった。わたしにまかせてくれ。造ってあげよう。グラスがよくないな。スタイルが変わってきたんだ。ドライ・マティーニを飲むときの理想は円錐形だ。ラファエルもよく知ってるように、ドライ・マティーニはシャンパンと同じで、ゆっくり飲みながら味わうものだ。ちょっとした実験をやってみよう。きみの運転手を呼んでくれ。

ラファエル　わたしの運転手をどうしようというんだ。

フランソワ　いまにわかるから。

運転手のモーリスが入ってくる。一同が彼にマティーニを渡す。運転手はにっこり笑い、一息にぐいと飲みほす。運転手が出ていったあとで、フランソワはいう。「いまの、見ただろ？ドライ・マティーニを飲むときは、あんなことやっちゃいけないんだ」
　彼の妻がいう。「意地悪なことをいわないで。モーリスは庶民なのよ。ろくな教育も受けてないのよ」

「007/ドクター・ノオ」（1962）でジェームズ・ボンドを演じるショーン・コネリー。

　ラファエルは肩をすくめるだけだ。「いかなる制度のもとでも、大衆に洗練ということを教えこむのは無理なんだ。わたしという人間を知ってるだろう。わたしは反動主義者じゃないんだよ」

　マティーニは正反対のもので成り立っている。ジンの荒々しい力と、ベルモットの薫り高き繊細さ。イアン・

フレミングの生みだしたスパイ、ジェームズ・ボンドがまさに、マティーニの化身のような男であった。女性関係は派手だし、敵のスパイには容赦なかったが、自分の飲むカクテルについてはきわめて注文が細かく、「量はたっぷり、とても強くして、きちんと本格的に造るように」と注文していた。『007/カジノ・ロワイヤル』で、ボンドは美貌の二重スパイ、ヴェスパー・リンドに、ジンとウォッカを使った自分専用のマティーニの話をして、急に、その酒に彼女の名前をつけようと思いつく。〝ザ・ヴェスパー〟。彼はいう。「ぴったりの名前だろ。スミレ色の時間にふさわしい名前だ。世界じゅうどこへ行っても、この時間になると、みんながぼくのカクテルを飲むんだよ」

フレミングは、ジンとウォッカには二重スパイとの象徴的な結びつきがあるといいたかったのだろうか。そもそも、ウォッカはロシアの酒で、ヴェスパーという女はロシアのために働いているのだから。ヴェスパーが自殺したあと、ボンドがジンとウォッカを使ったマティーニを飲むことはもう二度とない。小説のほうでは、後期になると、バーボンからシャンパンまでなんでも飲んでいるが、映画のほうは「ドクター・ノオ」や「ゴールドフィンガー」から始まって、ほぼどの作品のなかでもマティーニを飲み、そのおかげで「ステアじゃなくて、シェークして」というセリフが有名になったのである。

〈MORI BAR〉の毛利隆雄。『MARTINI-ISM』を書いて、クラシック・マティーニをリバイバルさせた。作り方は慎重そのもの。

ここはシェーカーでシェークせず、ミクシング・グラスでステアする。

かの有名な〝マティーニ３杯のランチ〟について意見をいうと、ランチのときに誰が何杯マティーニを飲もうと、わたしはかまわない。ただ、誰が勘定を払うかが問題だと思っている。

――アメリカ合衆国大統領ジミー・カーター

《ニューヨーク・タイムズ》（1978年２月18日）

第４章　マティーニと政治

フランクリン・ローズヴェルトはマティーニ作りに凝ってはいたが、どういう仕上がりになるかは予測がつかないというタイプだった。1943年のテヘラン会談でも、スターリンにマティーニを出して、感想をきいている。「うん、なかなかけっこうだが」ロシアの独裁者は答えた。「胃に冷たく感じられる」。ローズヴェルトの秘書が詮索好きなラジオ・アナウンサー、ジャック・リードに洩らしたところによると、ローズヴェルトが作るマティーニはふつう、ジン２に対してベルモット１の割合で、オリーブの漬け汁をティースプーン１杯加えたという。ローズヴェルトのマティーニはオリーブを添えて出されたが、グラスの縁にレモン・ピールがこすりつけてもあった。ある政府高官は、ローズヴェルト政権下における米ソ関係を評して〝マティーニを４杯飲んでから協定を結ぼう〟という時代だったと述べている。75歳になるスーザン・メアリ・オールソップはローズヴェルト時代のホワイトハウスを訪れたときのことを、最近、つぎのように回想している。

ロートレックが描いたモンマルトルの小さなカフェ・コンセール〈ディヴァン・ジャポネ〉。

「案内されるままついていくと、２階の書斎に大統領がいてドライ・マティーニをシェークしているところで、そのマティーニの味にわたしはうっとりしてしまいました。それに添えて出されたのは、大統領の言葉を借りるなら〝ジョーおじさんからのご馳走、つまり、スターリンが送ってくれた大きな鉢にたっぷりの新鮮なキャビア〟でした」

ローズヴェルトは感謝祭の七面鳥を切り分けるときと同じ

く、儀式への情熱をこめてマティーニを作る人だったが、ときたま、アニゼットやフルーツジュースといった変わり種を材料にすることもあったし、ズボラな作り方をしたともいわれている（彼の秘書をしていたグレース・タリーの話だが、あるとき、ローズヴェルトはぼんやりしていて、ジンのかわりにアクアヴィットでマティーニを造ってしまったそうだ）。当時、財務長官代理をしていたディーン・アチスンはローズヴェルトとマティーニを飲んだときのことを、こう回想している。〝シェーカーの蓋が行方不明だったので、大統領は口のところを指で押さえてシェーカーをふった〟（大統領のお気に入りだった、椰子の木が彫りこまれた銀のシェーカーは、ニューヨーク市郊外の静かな村ハイド・パークにあるローズヴェルト博物館に展示されている）。ハリー・トルーマン大統領はマティーニを飲まなかったが、彼のもとで国務長官をつとめたディーン・アチスンはマティーニ好きだった。息子デヴィッド・アチスンによると、彼の父親は「政治の世界で不透明な駆け引きをさんざんやってきた人だけに、酒を飲むときは透明なものを好んでいた」という。ステアは好みに合わず、つねに、氷をたっぷり使って勢いよくシェークしていた。それではジンの味が損なわれるのではないかと、誰かが心配したとき、アチスンは「ジンの味を損ないたくてやってるんだよ」といいかえした。

ジョン・F・ケネディは軽い酒が好みで、飲むのはたいていダイキリと決まっていたが、友人たちがマティーニを飲むのを見るのは好きだった。当時の海軍省の次官だったポール・B・フェイはこんな思

「欺かれたつむじ曲がりたちのために」より抜粋

バーナード・デヴォート

あなたがマティーニをシェークしようが、ステアしようが、どっちだってかまわない。いけないのは、氷のかけらがカクテル・グラスに入ってしまうことだ。ベテランのバーテンダーならたぶん、便利で機能的という理由から、シンプルなガラスのピッチャーを使うだろう。蓋がついていないので、シェークできない。しかし、あなたが友達からシェーカーを渡されたとしても、世の中にはベーストレイナー（茶漉し）というものがあるのだから、マティーニのグラスに氷のかけらが入ってしまう心配はない。

マティーニは、くりかえしていうが、ジンとベルモットから作られる。ドライなベルモット。フランス製、イタリア製、アメリカ製のまずいベルモットがたくさんあるが、その一方で、おいしいのもたくさんある。あなたの好きなジンによく合う、そして、つねに変わらぬ味で定評のあるベルモットを、精魂こめて捜しつづけなさい。お気に入りが見つかったら、それを大切にしなさい。ジンとベルモットの両方を大切にして、不幸や突然の欲望に襲われたときのために大量に買いこんでおきなさい。そうすれば、移ろいやすいこの世の中で、季節がめぐっても、年があらたまっても、マティーニだけはつねに信頼できる友達でいてくれるだろう。

正しいマティーニ作りはまず氷から始まる。氷を大量に使わなくてはならない。初心者には想像もつかないほど大量に。ジンをそそいだときに白い煙があがるくらい大量に。ある友人はつねにそういっていて、彼のレシピは"そして、500ポンドの氷"でしめくくられる。ピッチャーに氷をどっさり入れて、ガラスの表面に露がつくまでまわし、溶けた氷を捨て、さらにまたひとつかみの氷を入れる。つぎに、できるだけ手早くジンとベルモットをピッチャーについで、実験室以外で到達しうるアルコールの氷点にできるだ

い出を語っている。「ある日、おたがいに妻が留守だったとき、ジャックがわたしをホワイトハウスに招いてくれた。『さてと、赤毛くん――これは彼が

け近いところまで手早く持っていき、できあがったマティーニをグラスにつぐ。あせってはならないが、敏捷に仕事を進めなくてはならない。薄められたマティーニなどというものは自己矛盾であり、自然の秩序に反するものだからだ。そういう理由から、マティーニ作りには大量の氷が必要となるわけで、一度に作られる量も、１人１杯ずつ（その場の人数を確認したうえで）に限定されているのだ。

ジンとベルモットの結婚を理想的なものとするには、決まった比率というものがある。どんなジンやベルモットを使うかによって多少ちがってくるが、95プルーフのジンとそれに合うベルモットの場合は、だいたい、3.7対１ぐらいだろう。しかも、これは望ましい比率というだけでなく、必要不可欠なものでもある。ジンの量がこれよりすくないと、名ばかりの結婚になってしまい、マティーニとは呼べなくなってしまう。飲みやすく、場合によっては楽しめる酒ができるかもしれないが、頭に描いた喜びを現実のものにするというマティーニ作りの醍醐味は味わえない。うれしいことに、ジンの量の上限はそれほどきっちりとは定められていない。４対１にしてもいいし、もうすこしジンをふやしてもいい。そうすれば、頭のなかで分数計算ができなくても気が楽だし、ふだんとちがうジンを使わなくてはならないときも安心できる。しかし、それ以上はいけない。いまは紫の時刻、静けさと不思議の時刻、愛情がふたたび燃えあがり、勇気がよみがえる時刻、森のふちでは木々の影が魔法にかかったように濃くなって、じっと目を凝らせばユニコーンに出会えるような気のする時刻なのだ。しかし、もし現実にユニコーンを見てしまったら、それはマティーニの酔いのせいではない。

《ハーパーズ・マガジン》1949年12月号

わたしにつけたあだ名なんだが――マティーニでもどうだい』きみも飲むのかとわたしがきくと、彼は『いや、いらない。きみにマティーニを飲ませようと思うのが好きなだけなんだ。そうすればきみがご機嫌になるのがわかってるからね』と答えた。たしかに彼のいうとおりだった。どうすれば人が喜ぶかを知っていることが、彼の魅力のひとつだった。ついでにいうと、わたしはいまでもマティーニを飲んでいる」

マティーニは60年代の権力者たちの伝統的な飲みものだったが、テクノロジーの偽装にも無縁ではいられなかった。なんといっても、Ｊ・エドガー・フーヴァーの盗聴と、ソ連の監視と、ジェームズ・ボンドのスパイ道具の時代だったのだから。サンフランシスコで私立探偵をしていたハル・リプセットは1965年の上院の小委員会に呼ばれ、盗聴装置についての解説をするよう求められた。彼は以前から、国民のプライバシーに対する政府の侵害がどんどんひどくなっている以上、１人１人が目には目をで闘う姿勢をとらねばならないという立場をとっていた。パトリシア・ホールトの『盗聴器はマティーニのオリーブのなか』（1991年）で、リプセットは仲間とともに盗聴器つきのマティーニを開発したときの様子を述べている。

グラスに本物そっくりのオリーブを入れて、そこに送信機を仕込み、オリーブの真ん中に埋めたピメントにはマイクを隠し、爪楊枝にはアンテナの機能を持った銅線を埋めこむという仕掛けになっていた。ジンは入れなかった——ショートの原因になりかねないので。

　われわれの狙いはこうだった。パーティのホストが、すでにからになったマティーニのグラスを手に、客のあいだをまわりながら、自分に向けられた会話を拾い集める。あるいは、歓談中の客のそばにグラスだけ残していき、別室で盗聴する。われわれとしては、多種多様な形の装置が作れるところを見せたかったのであり、マティーニのオリーブに仕込んだ盗聴器は、多くの例のなかでもずいぶんとしゃれたものだった。

　リプセットが実演してみせたあと、上院議員たちはスパイするマティーニにすっかり魅せられ、グラスに本物のジンを入れてオニオンかレモン・ピールを添えても、盗聴器はちゃんと働くのかと質問した。

　みんながその光景を想像してうっとりしている様子だったので、わたしも、粋なホラを吹かずにはいられなくなった。ギブソンにレモン・ピールを添えたものなら大丈夫。ジンはだめかもしれないが、ウォッカなら……。たちまち、座が陽気になり、記者とカメラマンが写真を撮りに殺到したときには、あまりの楽しさに全員

前ページ／東京湾の夜景が美しいレストラン〈TSUKI〉。出されるマティーニも本格派。

が笑いころげていた。わたしは新しいおもちゃを発表したような気分だった。たとえば、犬用の骨のおもちゃとか。かじりだしたらやめられないというやつだ。

それから何カ月ものあいだ、新聞は〝告げ口マティーニ〟と〝スパイ・マティーニ〟の記事で盛りあがった。ある雑誌の漫画には、クラブで目の前に出されたマティーニを、恐怖の目でみつめる２人の重役が描かれている。「話をする前に」１人が相手にいう。「アンテナの有無をたしかめよう」《サンフランシスコ・クロニクル》のコラムを担当していたアート・ホッピーはこう書いた。「悩める男に慰めと励ましを与えてくれる酒であったマティーニが、いまでは男に牙をむいているかと思うと……」

べべ・レボーゾは７対１のマティーニが好きなリチャード・ニクソンのために、古典的な〝注いで捨てる〟マティーニをよく作ったものだった。氷を入れたシェーカーにベルモットを注ぎ、一度ぐるっとまわしてから、仰々しくベルモットを捨てて、そのあとにジンを加えるのだ。ニクソンは楽しげに笑い、最初のひと口を長々と飲んでから、「うまいよ、べべ。じつにうまい」とつぶやくのだった。ウォーターゲート事件によりホワイトハウスから去ることとなった夜も、マティーニを飲んでいたと伝えられている。ジェラルド・フォードもマティーニ愛好家だった――アイスクリームかマティーニのどちらかをやめるよう、主治医にいわれるまでは。

ジミー・カーター大統領がやった最悪のヘマとしては、ウサギ殺し事件（カヌー旅行に出かけたときに、方向感覚を失って必死に泳いでいたウサギを、カーターはカヌーのパドルでぶん殴ってしまった）と、メキシコ旅行（彼はこのとき、モンテスマの祟りに——つまり、メキシコで旅行者がかかる下痢に——やられたという軽率な発言をしてしまった）とならんで、〝マティーニ３杯のランチ〟として知られる神話的特権への攻撃が挙げられる。そもそもの始まりは、ピーナツ栽培をやっていたこの人民主義者が1976年の大統領選に出馬したときで、ブルーカラーの労働者が食べるランチボックスに入ったサンドイッチは税金控除の対象にならないのに、金太りの財界人は〝50ドルのマティーニつきランチ〟を経費で落とす習慣になっていることを、カーターが声高に非難したのである。《タイム》の1977年の号に、ヒュー・サイディはこう書いている。

> 目下、ワシントンで最大の興味を呼んでいる疑問のひとつは、ジミー・カーターがマティーニ３杯のランチをとったことは一度もないのかということである。主席補佐官のハミルトン・ジョーダンは、たった１杯のマティーニすら、カーターが口にするのを見たことはないという。しかし、やや意地悪な口調で、執務時間後のホ

ワイトハウスにおける大統領一家の居室のほうで何がおきていたかは知らないと、つけくわえている。

ファーストレディのロザリン・カーターのアシスタントをしているメアリ・ホイトは、カーターがホワイトハウス入りして以来、マティーニが作られたことはただの一度もないと、自信をもって断言している。だいたい、ロザリン夫人からして、ホワイトハウスで酒をいっさい出さないために〝客がもぞもぞと落ちつかない〟のを見ているのがとても楽しいと、声を大にしていったぐらいなのだ。

報道担当官のジョディ・パウエルも、マティーニが大統領の唇を通過するところは一度も見ていない。ただ、１杯ぐらいは過去に試したことがあるはずだという。しかし、そこでカーターの熱意はしぼんでしまったのだろう。

マティーニ問題はきわめて重大である。税制改革を進めるにあたってカーターが最優先させようとしているのが、交際費で落とせる食事への攻撃で、これによって、税控除の対象となるのは食事代の半額のみということになるだろう。カーターは選挙戦のあいだ、マティーニ３杯のランチは経費で落とせるのに、労働者が食べる1ドル50セントのボローニャ・ソーセージのサンドイッチは落とせないという点を指摘して、特権階級の腐敗というイメージを有権者に植えつけたのだ。

こうしてカーターの攻撃が始まったわけだが、レストランで出すランチの領収書がほんのすこし減っただけでも（たいてい５％前後）、都会の多くのレストランで、ウェイトレスやバーテンダーや下働きを解雇しなければならなくなるとわかって、ホテル＆レストラン業界に全国的な騒ぎがまきおこった。この攻撃は要するに、田舎者が粋な都会っ子の顎に食らわせたジャブだったのだ。「マティーニは街の酒、都会の酒だ」バーナード・デヴォートはかつてこう書いた。「渓流の岸辺でも、それ以外の場所でも、とにかく自然のなかで飲む酒ではない」

「ジミー・カーターの聖戦は、じつをいうと、マティーニを敵としていただけで、特定の状況のもとでマティーニが税控除の対象とされることから生じる政府の税収減を、食い止めるためのものではなかったのだ」ウィリアム・Ｆ・バックリーはこう述べた。「マティーニは、はっきりいって、象徴的な暗号名になってしまった。〝マティーニ３杯のランチ〟という表現は、マティーニ１杯につき政府の税収が１ドル減ることへの怒りをかきたてるために作られたものではない。ジミー・カーターのなかにある矛盾した考えのすべてが反感で煮えたぎってしまいそうなライフスタイルを糾弾するために、この表現は作られたのだ」

しかし、ロナルド・レーガンがホワイトハウス入

WORLD'S FAVORITE GIN
GORDON'S
ゴードンのご案内
GORDON'S
THE ORIGINAL
THE ORIGINAL
GORDON'S
LONDON DRY GIN
DISTILLED IN GREAT BRITAIN
ESTD 1769
ALEXANDER GORDON & COMPANY
THE ORIGINAL
GORDON'S®
LONDON DRY GIN

りした1980年ごろになると、ワシントンに——そして、アメリカ全土に——華やかなものを好む風潮が復活していて、カーターみたいな田舎者の連中にはねつけられていたマティーニが、流行の酒として返り咲いていた。レーガン支持者の多くがマティーニを飲み、葉巻を吸ったが、レーガン自身はマティーニをやめ、薄いジントニックに転向していた。しかも、残さず飲むことはめったになかった。彼の名前がマティーニと結びつけられたのは1987年、アメリカからヨーロッパへの穀物輸出をめぐって貿易戦争が勃発しかけたときのことだった。《ニューヨーク・タイムズ》の記事にはこう出ている。〝ウィットに富んだ連中はこの事件を「マティーニ戦争」と呼んだ。レーガン大統領がヨーロッパの高い穀物関税への報復として、英国のジンや、ギリシャのオリーブや、そのほか10品目を超える美食家好みの食材に高い関税をかけたのである〟。戦争は外交交渉によって終結した。

ブッシュ・シニア政権の時代、それはグラスノスチと〈砂漠の嵐〉作戦で知られる時代であったが、大統領のマティーニには主としてウォッカが使われていた。最近の手紙にブッシュ大統領が書いていることだが、いまでも、シェークして、レモン・ツイストを添えて、氷なしで飲むウォッカ・マティーニが好みだという。

クリントン政権下のホワイトハウスでは、マティーニはあまり飲まれていない。噂によると、クリン

前ページ／ゴードン・ジンの日本版パンフレット。

大統領になる以前の時代、若き俳優だったロナルド・レーガンが「愛の勝利」のなかで、破滅型の女相続人を演じるベティ・デイヴィスを、3杯のマティーニで慰めている。

トンもマティーニを味見したことはあるが、じっさいに飲みこんだかどうかは誰も確認していないという。クリストファー・バックリーの皮肉たっぷりの小説『ニコチン・ウォーズ』のなかには、嫌われ者の煙草業界のロビイストが、1994年に人気のあったワシントンのレストラン〈バート〉で政治的に正しくないランチを食べる場面が出てくる。〝学校がある日の昼間にウィスキーをストレートで飲んでも、人からアルコール依存の敗残者だと思われることはなかったものだ。1950年代のアメリカで、すなわち、産業と国家の力が最高潮を誇っていた時期に、男たちがランチにダブル・マティーニを飲んでいたというのも妙な話だ。いまではその力が衰えて、男たちは炭酸入りのミネラル・ウォーターを飲んでいる。どこかで何かがひどくねじ曲がってしまったのだ〟。「ホワイトハウスではマティーニの虐殺が進行中だ」と、《ワシントン・ポスト》のロイド・グローヴはいう。「クリントンの閣僚はほとんどが白ワインを飲むか、自分たちの知性に酔っぱらうかしている。マティーニのことを知っているのはジェームズ・カーヴィルただ１人。やたら神経質な男なので、正常な状態になるのにマティーニが２杯必要とされる」

　クリントンの政治顧問をやっている狡猾な男、カーヴィルは、熱狂的なマティーニ愛好家である。「ボンベイ社のサファイア・ジンを使って、ジン４に対してベルモット１の割合」わたしとの電話のときに、のろい口調でそういったことがあった。「大切なのは、すべてを徹底的に冷やしておくこと。わたしはウォッカも好きだが、これはキャビアをつまみにストレートで飲むにかぎる。わたしにとって、ウォッカ・マティーニはバーボンを使ったマルガリータみたいなものだ。そんなものは存在しない。やはりジンでなくてはね」

カーヴィルは政治家たちが贔屓にしている〈ザ・パーム・レストラン〉でマティーニを飲んでいる。「唯一の難点は量が多すぎることだ。ときどき、オリーブのおかげでジンの温度があがってしまうのではないかと心配になる。それと、わたしはベルモットの味も楽しみたい。10対1というようなドライな造り方はごめんだ。わたしにとって、この世で最高のひとときは、気のおけない連中といっしょに、2

チンザノの広告。

杯目のマティーニを３分の２ほど飲んだときだね。なんでもできそうな気がしてくる。もちろん、そのころには、わたしのＩＱも85ぐらいまで落ちているが。カクテルは見栄えの良さが大切で、わたしにいわせれば、オリーブかレモン・ツイストを添えたマティーニ以上に見栄えのいい酒はない」

〈ザ・パーム〉はたしかに、マティーニを飲むのにふさわしい古典的な店である。店内の壁は、エドワード・ケネディからジェームズ・カーヴィルまでの常連客を描いたカリカチュアで埋まっている。夜になればかならず（起訴と起訴の合間を縫って）、アンチョビ入りオリーブ２個を添えたマティーニを飲むダン・ロステンカウスキー下院議員の姿が見受けられるだろう。この店で16年にわたってチーフ・バーテンダーをやっているケヴィン・ルダウスキーによると、マティーニの人気が強力に復活しているそうだ。「うちでお出しするマティーニは、ジンとウォッカが半々ぐらいですね。若い人たちの好みはジンにもどっているようです。偉大なるマティーニを作る秘訣は２つあります。ひとつはギンギンに冷やしたグラスを使うこと」もうひとつは？　「お教えできません。それはわたしが秘密にしているレシピですから」

もとは銀座のバー〈よ志だ〉、現在は並木通りの〈Y&M Bar KISLING〉でがんばっている吉田貢。ドイツの画家キスリングの絵が目立つ。

日本のマティーニの元祖
今井清のレシピを忠実に
守り続けている。

マティーニ

第5章　偉大なる復活

「わたしは彼のために3杯目のマティーニを作ったが、ご婦人方がやってきて何か食べるようわたしたちに強制したため、せっかく盛りあがりかけていた夜が台無しになってしまった」
——ラッセル・ベイカー
《ニューヨーク・タイムズ》（1979年8月2日）

第5章　偉大なる復活

マティーニは死んだ……マティーニよ、永遠なれ！

マティーニとは何かを定義するさいに、マティーニでないものとは何かを考えてみるのも、たぶん価値のあることだろう。フランスの哲学者ロラン・バルトはその瞑想の書『神話作用』のなかで、フランスでワインの対極に位置するものはミルクかもしれないと述べている。では、アメリカでマティーニの対極に位置するものとはなんだろう。

コカ・コーラ——これしかない。コカ・コーラが大衆のものであるのに対して、マティーニは、それを重役会議室からカントリー・クラブを行動範囲とするエリート集団の飲みものと考えている、酒の味にうるさい連中のものである。コカ・コーラは石炭のように黒く、糖蜜のように甘く、しかも泡立っている。マティーニは透明で、清純無垢だが、強烈なパンチ力を秘めている。コカ・コーラはノンアルコール飲料で、永遠の若さに酔いたがる国民のための液体キャンディで、野球の試合を見ながらストローで吸いあげる昼間の飲みものである。マティーニは強いアルコール飲料で、スポーツに熱中したあとかなりたってから（ただし、たぶんベッドで燃えあがる前に）、やわらかな照明のバーで飲むものである。コカ・コーラは思春期の子供のもの、マティーニは権力や色恋の見込みや死に思いをめぐらす大人のもの。コカ・コーラはそれを飲む者を糖分によるハイ状態にみちびく。マティーニは過去と未来の繁栄や、熱い恋や、感傷的なつぶやきを夢に乗せて運んできて、最後に、眠りへの憧れをかきたててくれる。

　コカ・コーラはあらかじめミックスされている。だから、その味は不変で、個々の人々に生涯にわたって同じ味を約束している。製法に関しては、強大な企業が１世紀にわたって秘密を守りつづけている。この清涼飲料はレディーメイドの製品で、赤と白のパッケージは世界じゅうどこへ行っても見分けがつく。そして、１本１本が機械で製造されている。

　マティーニはどれも手作りだから、個性があり、つねに独自の味わいを持っている。コカ・コーラとちがって、マティーニの成分はよく知られているが

（ベルモットとジン）、それを儀式のごとくブレンドすることによって、神秘性を帯びていくのである。コカ・コーラを飲む者がこの製品の限界を受け入れるしかないのに対して、マティーニを飲む者はバーテンダーの芸術的手腕を通じて、自由を謳歌することができる。

喜びと幸せをもたらしてくれる酒であるにもかかわらず、そう遠くない過去にマティーニは、絶滅の危機にさらされたことがあった。1978年、頑固なジン・マティーニ愛好家のジェファースン・モーガンという男が、料理好きのための月刊誌《ボナペティ》に哀悼の記事を書いた。こんな書き出しだった。「わたしはいま、重い心でみなさんの前に出て、われわれがなじんできた文明の終わりを告げる鐘を鳴らそうとしています。本物のマティーニが、リョコウバトやドードー鳥や球団のセントルイス・ブラウンズ（現在のボルチモア・オリオールズ）と同じ運命をたどる危険にさらされているのです。この状況は、ローマ帝国が崩壊する直前の退廃的な時代と酷似しています」

しかし、そのわずか15年後、マティーニは勢いを盛りかえす。なぜなのか。「バカのひとつ覚えみたいに『白のグラスワインを』と注文し、だらけた味の、まるきり魅力のない代物を目の前に出されることに、この時代の人々全員がうんざりしてしまったからだ」と、サンフランシスコにあるレストラン〈ムース〉のオーナーのエド・ムースはいっている。

バーテンダーのなかには、儀礼と伝統への回帰をあらわすものだという者もいれば、ポスト・モダニズムの放縦というとらえ方をしている者もいる。理由はともあれ、シェークされるマティーニの量が大幅にふえてきたため、〝カクテル版テニス肘〟を訴えるバーテンダーまで出てきたほどだ。わたしの好きなニューヨークのバーは、ロックフェラー・プラザの最上階にある〈レインボー・ルーム〉で、デイル・デグロフがバーテンダーをやっている。ダウンタウンの〈テンプル・バー〉もいいバーだ。ロサンゼルスはどうかというと、映画の脚本家マーク・ミラーが「この街の大部分がマティーニ健忘症にかかっている」といっている。「まともなバーテンダーは、〈チェイスン〉〈マッソ&フランク〉〈ポロ・ラウンジ〉のベテランぐらいなものだ。わたしはおいしいマティーニがほしくなると、サンフランシスコへ飛んで、〈アルフレッドのステーキハウス〉か〈フォグ・シティ・ダイナー〉か〈ビックス〉で冷えたのを飲むことにしている」

サンフランシスコは世界でいちばんマティーニに

うるさい街かもしれない。〝教授〟のジェリー・トマスが1860年代に、昔の〈オクシデンタル・ホテル〉（1906年の大地震まで、モンゴメリー通りにあった）で最初のマティーニを作ったといわれている。現在は、パイン通りの〈オクシデンタル・グリル〉（1992年に開店）がマティーニ愛好家御用達の店になっている。ある夜、ここでマティーニを飲んでいたときに、チーフ・バーテンダーのスティーヴ・ゼルが、ジェリー・トマスの書いた由緒ある1887年版のバー・マニュアルをうやうやしく見せてくれた。

「ジェリー・トマスはバーの客を〝患者〟と呼んでいました。うれしいじゃないですか！　わたしの信念をいいますとね、文明国に住む人間なら男女を問わず、通りからこの店のダイニングへ行く前にまず、バーで足を止めてマティーニを１杯やらなきゃいけません。それが唯一の分別ある行動ってもんですよ」

ゼルは偉大なマティーニを作るコツをいくつか教えてくれた。「最高に冷えたマティーニこそが、つねに最高のマティーニです。うちではグラスをフリーザーに入れておきます。まずベルモットをそそぎ、氷といっしょにシェークしてから、ベルモットを捨てて、ジンもしくはウォッカを入れます」

数分後、ピーター・ムーディという若手の映画作家がカウンターにやってきて、ゼルと話しはじめた。ムーディは「オリーブかツイストか」と題されたドキュメンタリー・フィクションを撮影中だった。

The Savoy
COCKTAIL
BOOK

Nº TEN
BATCH
DISTILLED
GIN
1 LITRE

「バイク便の仕事をしている若者が完璧なマティーニというものにとりつかれる話なんだ。何人ものバーテンダーに話をきき、背広を着るようになり、とうとう、イタリアの〈マルティーニ&ロッシ〉の工場にまで出かけていって、洗練の度合いを高めていく。最後はもとの自分にもどるんだけどね」ムーディはマティーニ・グラスが派手に描かれた帽子をかぶり、胸に巨大なマティーニ・グラスの模様を編みこんだ黒いセーターを着ていた。ゼルがそのセーターを売ってほしいと頼んだが、ムーディは「売れないよ。おふくろが編んでくれたんだから」とことわった。

蒸留酒協会の発表によると、ウォッカ・マティーニが（伝統を重んじる人々には鼻であしらわれているが）現在、ワシントンＤＣでもっとも人気の高いカクテルだそうだ。そして、酒好きな若い連中のあいだでマティーニの人気が復活したのは、このウォッカのおかげなのである。冷戦がエスカレートしていた時代でも、ロシア生まれの透明な液体はアメリカじゅうのバーやキッチンに浸透しつづけていた。ウォッカの輸入量も1976年の５万1000ガロンから、現在の500万ガロンへと飛躍的にふえている。

マティーニの復活は、ワインやコカインに飽きたヤッピー世代に狙いをつけたマーケティングの勝利というだけではない。様式と伝統への回帰をあらわしている。マティーニ・シェーカーが奏でる氷の音楽に合わせてチャチャチャを踊った両親の手で50年代に育てられた人々にとって、マティーニを飲むのは郷愁に満ちた昔へもどることなのだ。ロサンゼルスに住む画家、ジョン・レジスターはわたしにこう語った。「ぼくがまだ若くて反抗的だったころは、マティーニと、それが象徴するすべてのものを拒絶していた。いまでは好んで飲むようになっている。マティーニをめぐるいちばんなつかしい思い出は、継父のことだね。夕食のテーブルが整うと、父は飲み残しのマティーニを暖炉に投げこむんだ。ユーカリの薪からパッと華やかな炎があがって、ぼくたち子供は、両親のエネルギー源であるジェット燃料に驚きの目をみはったものだった」

中流階級の上に位置するワスプ社会にとって、マティーニというのは、メキシコのヤーキ族が用いるペヨーテという幻覚剤みたいなものである。部族のアイデンティティを確認するための聖なる儀式であり、それと同時に、家庭においても、公共の場所においても、人々をごきげんな酩酊状態に誘いこんでくれる。ローウェル・エドマンズもつぎのように書いている。

> 上流階級の楽天的な成人男性は、過去をいやなものという目では見ていない。過去との絆をいくつも持っていて、そのひとつとしてマティーニがある。この酒に関するいちばん幼いころの思い出は、たぶん、父親の大学の同窓会かカクテル・パーティに、子供の彼がたまたま連れ

ていってもらったときのものだろう。そこで、社会の柱石といわれる人々がステムのついたグラスから、冷たい透明なものを飲んでいる姿を目にしたはずだ。そうした男性にとって、マティーニを飲むというのは祖先と霊的な交流をするに等しいことなのだ。マティーニは命を持った過去なのだ。

マティーニは欧米文化そのものを広く象徴しているとみなす人もいるかもしれない。ジンの起源はオランダもしくはイギリスで、これらの国からやってきた大規模な人種集団が北米に住みつき、独立宣言に署名をし、世界でもっとも強大な資本主義社会を作りあげたのである。フランス産のベルモットはナポレオン時代に誕生したもので、アメリカ人にとっては、かつてフランスから買い入れたルイジアナ購入地を連想させる酒である。現に、アメリカに入ってきたときもニューオーリンズ経由だった。イタリアのベルモットが甘口から辛口へ変わっていったことは、イタリア移民がアメリカ社会に同化したことを示している。レモンはカリブ海もしくはラテン・アメリカ文化の産物だし、オリーブはイタリアもしくはギリシャのもの、そして、オニオンのピクルスはドイツもしくはユダヤのものである。ジンの代わりにウォッカが使われるようになったのは、ペレストロイカやグラスノスチより前のことだが、冷戦の時代にアメリカがロシアや東欧の政治に惹きつけられていたことと切り離しては考えられない。バーナード・デヴォートもつぎのように書いている。

　われわれの祖先はタフな人々で、それをもっとも端的に示しているのが、とんでもなくまずい酒を飲んでも無事に生き延びてきたということである。わたしが思うに、ひどい酒ばかり飲んでいたため、嘆かわしき事態を招いてしまったのではないだろうか。そこから、落ちつきのない精神が、つまり、実験的に何かと何かを組み合わせ、発明に結びつけようという本能が生まれたのだ。この本能から、レーダーや、議会や、ハーストの新聞や、その他多くの驚異的な、あるいは神秘的なものが誕生した。そして、4世紀前には、ありとあらゆる醸造酒と蒸留酒を、気まぐれや悪意や数学によって思いつけるかぎりの組み合わせでミックスしたものが、つぎつぎと誕生した。この本能が創造性の頂点に達したときに――これだけは忘れないでほしい――マティーニが生みだされたのである。

１年365日、大晦日も元日も休まないバー〈カーネル〉の木村弘。ここのマティーニも本格派で作りはシリアスだが、味は垢ぬけしている。

このオリーブはアンチョビのピメント入り。

キスを冷蔵庫にしまっておくのが無理なように、マティーニも冷蔵庫にはしまっておけない。ジンとベルモットを好みに応じて合わせれば、めくるめく至福の一瞬が訪れる。それは地上でもっとも幸福な、そして、もっとも短命な結婚のひとつである。陶酔というもろい絆は数分で断ち切られ、以後、再婚の見込みはいっさいない。

——バーナード・デヴォート

《ハーパーズ・マガジン》1949年

第6章　完璧なマティーニを作るには

非の打ちどころのない完璧なマティーニとはどんなマティーニか——今世紀に入ってからずっと、これが人々の想像力をかき立てて《ステア》（もしくは揺さぶって《シェーク》）いる。マティーニをどう造るべきかについて、誰もが自分の意見を持っているようだ。

第二次大戦のあとで流行《はや》ったジョークをご披露しよう。アメリカ人パイロットがパラシュートでサハラ砂漠におりたところ、周囲何マイルにもわたって砂漠以外に何もない。数日がすぎて、パイロットは希望をなくす。仕方なく救命袋をあけてみたら、〝ドライ・マティーニ〟と書かれた箱が見つかる。

箱のなかには、ベルモットの小瓶とジンの小瓶、シェーカー、フリーズドライのレモン・ツイストが入っている。シェーカーをふって、元気づけのカクテルを造っていると、そこへラクダに乗ったベドウィンの男がやってきて、せせら笑う。「マティーニはそんなふうに造っちゃいかん！」

「銀の弾丸」のなかで、ローウェル・エドマンズはマティーニに象徴される繊細な文化的平衡行動について述べ、それがいまの脆弱な文明をどう反映しているかを語っている。

　グラスに入れた氷の上へたっぷりとジンをつぎ、ベルモットを少量垂らすだけでマティーニのできあがりという時代になったため、儀式はもはや必要ではなく、可能でもなくなってしまった。マティーニをオンザロックでという手抜きは明らかに、暴動と暗殺と戦争に明け暮れた1960年代の社会生活と呼応するものである。マティーニの歴史において、マティーニのオンザロックは、古典的な洗練されたマティーニとその儀式を徹底的に拒絶するものであり、その拒絶はすでに、〝裸のマティーニ〟、すなわち、混じりっけなしのジンだけでできたマティーニの台頭のなかに予言されていた。

15年前にエドマンズにショックを与えたこの流れは、いまなら、さらに深い落胆へと彼を追いやるこ

次ページ／『バーテンダー』第7巻「マティーニの顔」（集英社刊）より。原作／城アラキ、漫画／長友健篩。

金城さんも
いいお店で修業してますね
コンクール頑張って下さい
『マティーニ』は
オリーブひとつ
レモンピールひとつで
新しい伝説が
作れるカクテルなんですから

とだろう。飲んべえどもが何でもやってみようの精神で、まずは、ベルモットの代わりに、グレナディン・シロップ、シェリー、アブサン、シードル、コーヒー・リキュール、シャネルの５番（！）などを使い、それに加えて、つぎのような飾りを添えるようになったのである――恐ろしや！――小エビ、サヤインゲン、アンチョビ、ミント、クレソン、ピスタチオ、アーティチョークの花芯、レッド・キャビア、小ナス、マラスキーノ・チェリー、砂糖漬けのスミレなどを。そのほか、かつては神聖だった酒に、細切れベーコンや超小型トウモロコシを投げこむ〝飾りものオタク〟も登場した。

ケイジャン・マティーニはアカアリの攻撃みたいに不埒な酒で、唐辛子入りのウォッカを、すりつぶした極辛ハラペーニョの上からそそいで造る。また、カンパリで色をつけたレッド・マティーニや、ウォッカとサケを合わせた日本版マティーニなどもある。バーテンダーからよく聞く話だが、イギリス贔屓で凝り固まった連中はゴードンのジンにピムス・カップNo.1を軽く垂らし、キュウリの薄切りを添えるよう注文するそうだ。その反対に、愛想のない〝チャールズ・ディケンズ風〟マティーニを飲む者もいる――オリーブもレモン・ツイスト《オリーブ・オア・ツイスト》もなし（わたしの友人ボブ・ガードナーなどもこのグループに入る。彼はサンフランシスコの広告業界の大物で、ただ一言、「果物はだめなんだ」といっている）。

マティーニを妙なふうにいじるという深刻な事態

がここ何年かつづいている。1951年、シカゴで酒の卸しをやっている業者がマティーニの変わりだねコンテストを催したところ、200点の応募があり、そのなかには、ソーテルヌ、スコッチ・ウィスキー、リープフラウミルヒを使ったものも含まれていた。優勝したのは、コアントローでゆすいだグラスにアンチョビ入りオリーブを添えて出されたマティーニだった。ウィリアム・グライムズの書いた本によると、1959年に、モートン・C・モートンという嘘みたいな名前を持ったシカゴのレストラン経営者が、モートーニを発明したという。ジン２本分と、ベルモット１オンス、添えるのは皮をむいたバミューダ産のオニオンまるまる１個。約２クォートという量になるため、モートンは、これを楽しめるのは〝もっともファッショナブルな精神病を患っている人〟だけだといった。同じ年に、ワシントンＤＣのあるバーが〝ディリティーニ〟、すなわち、ディル・ヴィネガーに漬けこんだインゲンを添えたマティーニを出して、いっとき、何かと話題になった。

ジョン・スタインベックの『楽しい木曜日』に登場する人物でさえ、ベルモットの代わりにシャルトルーズを使っている。英国の有名なバーテンダー、デヴィッド・エンベリーも、キュラソーをすこし垂らした〝さまよえるオランダ人〟や、キュンメルをすこし垂らした〝アリーのマティーニ〟など、変わりだねのマティーニをあれこれ作っている。アブサンとグレナディンをすこし加えれば、古典的な酒が

ボンベイ・サファイアを使ったカクテルを提案するパンフレット。

〝グルーム・チェイサー・マティーニ〟に、すなわち、憂鬱《グルーム》を払いのけるマティーニに変身する。

本人だけが〝うーん、とってもおしゃれ〟と満足している個人的な飾りは、いっときの流行としてすぐに消える運命にある。古典的なドライ・マティーニは、個性の侵入にも、トレンド狂いの世界の気まぐれな流行にも、けっして屈しないのだ。

完璧なマティーニを造るための、揺るぎない、混沌とは無縁の方程式を作ろうと思ったら、アインシュタインでさえ苦労したことだろう。マティーニ作りはきわめて個人的な行為で、迷信がつきまとい、はったりに近くなることもしばしばある。氷とジンをピッチャーに入れる前に、まずベルモットを入れるべきだと主張する者がいるかと思えば、ステアはいけない、シェークすべきだとわめく者もいる。

第6章　完璧なマティーニを作るには

なぜステアがいけないのか。「ジンを傷めるからだ」かつて、ジェームズ・ボンドはそう説明した。

ボンド——すなわち、イアン・フレミング——と同じ英国の人間に、それと真っ向から対立する説を唱えた者がいる。W・サマセット・モームで、「マティーニはいかなるときも、シェークではなく、ステアしなくてはならない。そうすると、酒の分子が官能的に重なっていく」

ステアであれ、シェークであれ、偉大なマティーニは上質の材料からまず始まる。チャーチルは彼がメンバーになっているロンドンのクラブのために作られた特製ジン、ブードルズにこだわっていた。ジンはどれもたいてい同じ味だが、ボンベイ・サファイアだけはちがっている。また、ボード社のオールド・トム・ジンという、かすかに甘みを帯びたジンも、いまなお手に入れることができる。サンフランシスコにある〈スターズ・レストラン〉のオーナー、ジェレマイア・タワーの個人的なお気に入りはブーズズという香りの高いジンで、ベルモットのノイリー・プラットとレモン・ツイストを加えて、ギンギンに冷えたのを出せば、これに太刀打ちできるものはない。しかし、そのいっぽう、わたしがこれまでに飲んだなかで最高だと思ったマティーニのひとつは、サンフランシスコのヘイト・ストリートにある〈ペルシャン・アウブ・ザブ・ザブ・ルーム〉で80代のブルーノ・ムーシェイが出してくれたものだった。ブルーノはボードのジンと、ボワジエのベルモットと、徹底的に冷やした小さな（3オンスの）グラスを使っている。

また、上質のベルモットを選ぶことも大切だ。モームはこの点にうるさくて、1958年にこう書いている。〝ノイリー・プラットこそ、ドライ・マティーニに必要な成分である。これがなくても、サイドカー、ギムレット、ホワイト・レディ、ジン・アンド・ビターズなら作れるが、ドライ・マティーニは作れない〟。ノイリー・プラットがあれば心配ない。ベルモットを扱うコツは新鮮なうちに使い切ることである。ボトルの封を切ったら、1カ月以上保たせてはならない。

ウォッカは、800年以上昔にロシアかポーランドのいずれかで発明された酒である。いずれの土地かは、あなたが参考にした本によって説が異なってくる。スラブ圏全域と、スカンジナビアの多くと、バルカン諸国と、はては遠いイランでも飲まれている。サンクト・ペテルブルグにいくつも工場があって、赤トウガラシとレモンからチョコレートと胡椒にいたるまで、さまざまな風味のウォッカが作られている。ソ連との冷戦にもかかわらず、1940年代後半のアメリカではウォッカの市場が大幅に拡大した。だいたいにおいて、欧米市場向けに作られるウォッカは純度が高く、アルコール固有の風味をのぞいては、なんの風味も持っていない。ロシア風に——つまり、ストレートで——飲むと、おいしくもなんともないが、カクテルの材料としてはお誂え向きである。

次ページ／フランスのウォッカ、グレイグースの広告。

GREY GOOSE
GREY GOOSE
VODKA
DISTILLED AND BOTTLED
IN
FRANCE
40% ALC./VOL.
IMPORTED

ジンのかぐわしい風味と香りは好きだが、ジュニパーが感情におよぼす影響に耐えられないという男女のために、わたしからひとつ提案したい。シェーカーに氷を入れて、１ジガーのジンを注いで勢いよくシェーク、そのジンを捨ててから、ウォッカとベルモットを注ぐ。そうすれば、ジンの香りだけが残り、脳への現実上もしくは想像上の影響は受けずにすむ。

古典的なマティーニは、ジン２オンスにベルモット１オンス、つまり、２対１の割合にして、そこへオレンジ・ビターを（今日ではとかく忘れられがち）わずかに垂らして作る。もちろん、もっとドライにしてかまわないが（６対１あたりがドライ・マティーニとしては理想的）、ジンの割合を２対１より低くした場合は、昔の純粋主義者が〝ジン・アンド・フレンチ（ベルモット）〟と呼んでいたものに近づくことになる。

ジンとベルモットを合わせたものを、角氷といっしょに古典的な銀のシェーカーに（あるいは銀の蓋がついたガラスのシェーカーに）入れ、表面をおおう霜に手が貼りつきそうになるまで、勢いよくシェークする――８回ぐらい思いきりシェークするといい。ジンを傷めるのではないかという心配はご無用。氷のように冷たいカクテルができあがったら、あらかじめフリーザーで冷やしておいたマティーニ・グラスに注ぐ。ステアしなければいやだという人は、ピッチャー（これもフリーザーで冷やしておく）に材料と角氷を入れて、柄の長いスプーンでかきまわす。スプーンを握っているあいだは、倦怠《ランガー》より活力《ヴィガー》を優先すること。

偉大なマティーニは、グレタ・ガルボと北欧の湖に入り、素っ裸で泳いだときのようでなくてはならない。〝歯の根も合わないほど冷たく〟ということだ。おいしいマティーニを造るには氷が必要だ。グラスと、シェーカーと、ジンまたはウォッカをフリーザーに入れておいたとしても（わたしのやり方がこれ）、材料をシェークするときは角氷といっしょでなければならない。氷のおかげで、ジンもしくはウォッカの角がとれて、ベルモットとよくなじむからだ（そうそう、プラスチックに包まれた角氷だの、金属のボール・ベアリングだのといった、ばかげたものは使わないこと）。

先日、ニューヨークの〈ハリーズ・バー〉へ行ったところ、2つの点で失望させられた。マティーニを頼んだら、バーテンダーはフリーザーに手をつっこんで、あらかじめミックスされたマティーニが小さな円筒形のウィスキー・グラスに入っているのを、とりだしただけだったのだ。たしかによく冷えていたし、ジンもベルモットも最高級品が使われていた——しかし、これでは角氷との触れあいが一度もないではないか！

家庭では、角氷をカチンカチンにするために高性能のフリーザーが必要だ。また、水道水の不純な成分を避けるために、瓶詰めのミネラル・ウォーターを使ったほうがいい。２杯目のマティーニを作るときは、古い角氷を捨てて、新たな材料をシェーカーに入れなおす（ベルモットを冷蔵庫やフリーザーにしまうのは、ぜったいにやめること。凍ってしまうから。室温で置いておくほうが香りが高く、おいしく飲める）。

古典的なマティーニ・グラスはステムがついていて、高さは約６インチ、ワイン・グラスのような丸みはなく、円錐形をしている。内側は底の部分に丸みがあり、つまようじに刺したオリーブやオニオンを置くのにぴったりである。グラスを選ぶときは、容量が３オンスから４オンスのものにして、それより大きいのは避けること。そうすれば、マティーニのお代わりをしても酔いつぶれずにすむ（不幸なことに、最近はバーで使われるグラスが大きくなる傾向にあり、６オンスから８オンスぐらいになっている）。欲をいえば、グラスはフリーザーに20分ほど入れて、氷みたいに冷たくしておくのがいい。

マティーニ・グラスは、そのアール・デコ調のデザイン、大胆なまでのシンプルさ、「影なき男」での洒落た扱いのおかげで、30年代のモダニストが好んで使う題材となった。爪先で立ったバレリーナのようにバランスがとれている。心ゆくまで中身を味わって飲まなくてはならない。バーテンダーがグラスを置いてくれたら、モンドリアンの絵かブランクーシの彫刻を鑑賞するときのように、ほんのいっとき、ミニマリズムの美を味わってもらいたい。マテ

ィーニ・グラスそのものには、飲む者をリラックスさせ、気分を切り替える力がある。タンブラーで出されるウィスキーとちがって、マティーニはいっきに飲みほすことができない。すくなくとも、シャツの胸に大量にこぼさないことには、いっき飲みは不可能だ。

厳格な伝統に従えば、レモン・ツイストが必要とされる。これはレモンの輪切りのことではない。レモンの皮を長さ1.5インチ、幅1/4インチに細長く削いだものを指している。マティーニ・グラスの上でそのレモン・ピールをきゅっとひねって、香り高いオイルを２、３滴垂らし、澄み切った表面にまだら模様を造りだす。さらに香りをつけたいときは、レモン・ピールをもう一切れ用意して、グラスの縁をなでるという方法もある。それから、冷えた酒のなかにピールを落とす（もちろん、酒を注ぐ前にグラスの底に入れておくべきだと主張する人々もいる)。

マティーニを飲む連中はしばしば、不可解な弱点や迷信を自慢にする。同じくマティーニ好きの人間でなくては理解できない頑固なこだわりを持つこともある。「しろうとがマティーニを作る場合は、２つのグループに分けられる」と、M・F・K・フィッシャーはいった。「自分ほどみごとなマティーニを作れる者は世の中にいないと、あつかましく信じているグループと、恥ずかしがってカウンターにも近づこうとせず、自分が作れば失敗作に決まっていると、おおげさなまでに謙遜するグループである。無理に頼みこめば、たいがい、２番目のグループのほうがおいしいマティーニを作るものだ」

マティーニへの熱狂ぶりをダシにした、50年代のこんなジョークをご披露しよう。

１人の男がバーに入り、25対１の思いきりドライなマティーニがほしいという。バーテンダーはちょっとびっくりするが、きっちりその比率でマティーニを作る。正しいグラスに酒を注ぎながら、客に尋ねる。「レモン・ピールのツイストはお入れしますか」客はカウンターをバンと叩いてどなる。「おいおい、きみ！　くそ

ったれのレモネードがほしけりゃ、ちゃんとそういうよ！」

バーナード・デヴォートは、マティーニを作るときに甘口ベルモットを使ったり——もっとひどい例として——レモン・ピール以外の飾りを使ったりする連中を酷評した。

そして、わたしにいわせれば、マティーニにオリーブを入れる連中には手の施しようがない。たぶん、薄幸な子供時代にキュウリのピクルスを食べさせてもらえなかったため、死ぬまでピクルスの漬け汁の味に焦がれつづけるのだろう。オリーブのピクルスを入れる連中をなんとかしなくては。絞殺が最上と思われる。

「マティーニに初めてオリーブを入れた人間は射殺すべきだ」と、1934年の《エスクァイア》に、復讐の炎に燃えるレモン・ツイスト派が書いている。文句の多い暴君の言葉なんかに耳を貸すことはない。最近では、熱烈なレモン・ツイスト信仰を捨てた異端者がマティーニの飾りにグリーン・オリーブを選んでも、嘲笑されたり、カクテル界の煉獄に放りこまれたりする危険はなくなっている。それどころか、オリーブがレモン・ピールに代わって、一番人気の地位をほぼ手中にしている。テレビ司会者のジョニー・カーソンも1960年代にこんなことをいっている。

前ページ／ドラン社のシャンベリー・ヴェルモットの広告。

「幸福とは、腹ペコのときにマティーニのなかにオリーブを２粒見つけること」
　どこのバーもだいたい、ピメントを詰めたグリーン・オリーブを使っているが、できれば、もっと小粒の、種だけ抜いて何も詰めていないオリーブを選んでほしい。「最上のものは〝酔いどれオリーブ〟と呼ばれている」と、サンフランシスコにある〈ビックス・レストラン〉のダグ・ビーダーベックはいう。「あらかじめベルモットに漬けこまれたオリーブのことである」また、１粒か２粒のオリーブをつまようじに刺すか、１粒だけグラスの底に優雅に横たえるか、そのいずれかを選ばなくてはならない。オリーブはすぐに食べたいほう？　ほとんどの人はしばらく待つが、食べたければご自由に。最初からバーテンダーにオリーブを３粒頼んでもいいのだし。
　ピクルスにしたパール・オニオンを添えると、マティーニは〝ギブソン〟に変わり、〝オニオンスープ〟という愛称で呼ばれるようになる。ギブソンの起源については３通りの説がある。ひとつは禁酒法時代にロンドンに赴任していたギブソンというアメリカ大使に由来している。大使は英国人の客たちをおいしいカクテルでもてなしたかったが、個人的には、たとえ外国にいても自国の法律には従うべきだと思っていた。そこで、客には本物のジンをふるまう一方で、自分はレセプションのあいだ、水のなかにカクテル・オニオンを放りこんだグラスを持って歩きまわった。客の誰かが若い補佐官に、大使は何を飲んでいるのかと尋ねると、補佐官は「ギブソンです」と答えた。

　サンフランシスコにある〈オクシデンタル・グリル〉のスティーヴ・ゼルは、名前の由来はシカゴだといっている。「ギブソンにはふつう、串に刺したオニオン２個がついてるのにお気づきでしょう。なんでも、20年代のシカゴに、マティーニは大好きだがオリーブは大嫌いという、ギブソンて名前の双子の姉妹がいましてね、飲みに出かけるとかならず、バーテンダーに頼んで、ピクルスのオニオンを２個つけてもらったんだそうです——双子には双子ってわけで」

　最後の説はもっと信憑性がありそうだ。有名なイラストレーターで、ギブソン・ガールの産みの親であるチャールズ・デイナ・ギブソンが〈ザ・プレイヤーズ〉という、彼がメンバーになっているクラブに顔を出し、バーテンダーのチャーリー・コノリーに〝いつもよりおいしい〟マティーニを作ってくれと頼んだ。コノリーはあわてず騒がず、オリーブの代わりにオニオンを使って、それにギブソンという名前をつけた。

　ウォッカにブラック・オリーブを添えたものは、現在〝バックアイ・マティーニ〟と呼ばれているが、1950年代には有名な黒人テニス・プレイヤーにちなんで〝アルシア・ギブソン〟という愛称がついていた。

　つまようじには気をつけてもらいたい。放心状態で飲んでいると、厄介なことになりかねない。《ニューイングランド医学ジャーナル》の1985年10月16日号に、こんな珍妙な事件が報じられている。ダニエル・マラマッドという、フィラデルフィアに住む生化学者が仕事から帰ってきて、いつものようにギブソン・マティーニをこしらえた。オニオンを食べていたとき、うっかり、木のつまようじを飲みこんでしまった。あわてふためいてバスルームに駆けこみ、ゲエゲエ吐いた。その拍子につまようじが鼻腔に突き刺さってしまった。フィラデルフィア・ランケノー病院の急患室で診察の順番を待ちながら、こ

古典的なマティーニ

ロンドン・ドライ・ジン2オンス、フランス製のベルモット1オンス、フィー・ブラザーズ社のオレンジ・ビター少々を、氷のたっぷり入ったシェーカーに入れる。シェークしてから、よく冷やしたステムつきグラスに注ぎ、レモン・ピールかオリーブを添える。これが禁酒法時代以前のマティーニの作り方である（世紀の変わり目に登場したタイプを飲みたいときは、ベルモットをフランス製の辛口からイタリア製の甘口に替えて、ベルモットとジンの量を同じにする）。

現代のドライ・マティーニ

ジン4オンス、辛口ベルモット1/2オンスを、氷のたっぷり入ったシェーカーに入れる。シェークしてから、ストレイナーを使ってグラスに注ぐ。レモン・ツイストかオリーブを添える。オニオンを使えば、ギブソンになる。ジンの代わりにウォッカを使って、ウォッカ・マティーニにしてもいいが、古き良き時代が好きな人には受けないから、そのつもりで。

の気の毒な男は看護婦が黒板に〝マラマッド。鼻につまようじ〟と書くのを見ていた。「銃撃、暴行、殴打などと書かれてるなかに、これですからね」この患者は照れくさそうにそう述べている。つまようじはいとも簡単に摘出され、《医学ジャーナル》に短い記事が載ることとなった（マラマッドのほうが『ワインズバーグ・オハイオ』を書いたシャーウッド・アンダースンより、まだしも幸運だった。アンダースンはマティーニのオリーブに刺さっていたつまようじを飲みこんだため、腹膜炎にかかったのだから）。

ジェームズ・ボンドのマティーニ

ボンドはこの酒を、彼が愛した美貌の二重スパイにちなんで〝ザ・ヴェスパー〟と名づけた。材料は、ジン3オンス、ウォッカ1/2オンス、ブロンドのリレエ1/2オンス、大きく薄くスライスしたレモン・ピール。氷のたっぷり入ったシェーカーに、まず液体の材料を入れてシェークし、ストレイナーを使ってマティーニ・グラスに注ぐ。レモン・ピールを添えてから、敵のスパイを厳重に監視《ピール》する。

ケイジャン・マティーニ

好みのジン、もしくはウォッカ1/5ガロンを、大きな水差しか、ジャーか、瓶に入れる。生のハラペーニョ（種と筋をとって、薄切りにしたもの）２、３本と、トウガラシ１本（これ以上はダメ！）加える。冷蔵庫に入れて２日寝かせる。氷と、ジンの1/5量のベルモットを加えてシェークする。ストレートかオンザロックで出す（超極辛になってしまったら、ジンもしくはウォッカを足して和らげる）。

いちばん大切な選択は、もちろん、オリーブかオニオンかでも、ステアかシェークかでもなく、〝ジンかウォッカか〟である。ジェームズ・ボンドのシリーズをべつにすれば、ウォッカ・マティーニが本のなかに登場したのは、1951年に出版されたカクテルブック『乾杯』（テッド・ソーシエ著）が最初である。〝ウォッカティーニ〟のレシピを提供したのは、写真家で、のちに《タウン・アンド・カントリー》の社交界欄の担当編集者となったジェローム・ゼアビ。スミノフ・ウォッカ4/5、ジガーとドライ・ベルモット1/5、ジガーを氷とともにステアする。飾りはレモン・ピールのツイスト。40年前には、昔ながらのバーでウォッカ・マティーニを注文するのは、火炎瓶《モロトフ・カクテル》を爆発させるのと同じぐらい過激なことだった。今日では、純粋に好みの問題とされている。

たとえ、あなたが自分でカクテルを作らない場合でも、マティーニを楽しむためにもっとも重要視すべき部分は、その準備である。プロの技に微量の個性を加えることで、名人といわれるバーテンダーは義務を職人芸に、そして、つぎには芸術に高めることができるのだ。祭壇に立つ聖職者が手を洗って、聖なるワインを銀の聖餐杯に注ぐときのように、腕のいいバーテンダーは、言葉で説明しようのない、おそらくは神聖なる何かを、酒に与えるのであろう。そのあと、たっぷりの量を飲んだときに、マティーニが慈愛に満ちた神を（あるいは神々を）呼びだすか、破壊をもたらす悪魔を呼びだすかは、飲む者しだいで変わってくる。

一部の人々は、ジンに含まれたジュニパーのエキスが神秘的な嗅覚の喜びを――そして、予期せぬ怒りを――もたらすと主張している。かつてサンフランシスコで〈エル・マタドール〉というナイトクラブを経営していたわたしの父なども、クラブで喧嘩騒ぎがおきるのはいつも、喧嘩の張本人がマティーニを飲んだあとだったといっていたものだ。ニューヨークのレストランのオーナー、トゥーツ・ショアはマティーニを〝原爆〟と呼び、そのマイナス面をならべたてた。「１人の男がこの店に入ってくる。教会で侍者になる躾を受けてきたばかりのような物腰で。それがマティーニを１杯飲んだとたん、店内の客を残らず叩きだそうとしはじめる。仲むつまじい夫婦が入ってくる。見たこともないほど幸せそうな様子で。夫か妻のどちらかがマティーニを飲んだとたん、周囲の者がウェイターを呼んで２人をひき離さなくてはならなくなる」

マティーニは高純度の喜びをもたらすが、つねに危険と隣り合わせでもある。ジョルジョ・ロルリは1960年に発表した論文『社交的な飲酒／いかにして酒の害を受けることなく飲酒を楽しむか』のなかで、こう書いている。「マティーニの冷たい味わいには、えもいわれぬものがあるが、疲労、低血糖、緊張、不安などによって、ただでさえ酔いのまわりやすい酒がよけい始末に負えなくなる。ラテン語からきたこの呼び方は、たぶん、ついうっかり誤った名前がついてしまったのだろうが、自制心をわきまえた冷静さから情熱的衝動への急激な変化をもたらすという、この酒の即効性を暗示しているものと思われる」

マティーニ文化というのは、べろべろに酔っぱらってゲップや悪態とともにテーブルの下へくずれ落ちることではない。酔ってはしゃいでも、優雅さを保つことである。要するに、夜の時間をさらに楽しくするためのものなのだ──記憶から消し去るのではなくて。〝リック氏のマティーニ・クラブ〟と呼ばれるサンフランシスコの〝はしご酒クラブ〟の設立者である、〝リック氏〟ことリチャード・フィッシュマンは、こういっている。「マティーニは女性のおっぱいみたいなものだ。1個では足りないし、3個では多すぎる」車を運転する必要のないときも、2杯で切りあげるのが妥当なところだ。

数々の儀式はあれど、マティーニを飲むときに大切なのは、規則に縛られることでも、正しい方法にこだわることでもない──ゆったりくつろぐ、これが大事だ。ウィリアム・グライムズも『ストレイトアップ・オア・オンザロック』のなかでこう書いている。「気むずかしい神経質な男も、仕事のあとのマティーニをシェークすれば、別人となって生まれ変わることができる。寛大になり、社交的になり、深遠な思索と、そして想像の喜びに心を向けるようになる」

たとえ飲みすぎたとしても、それはそれでまた隠れた御利益がある。たとえば、Ｊ・Ａ・マクストンがこんな例をあげている。

カリフォルニア州ストックトンからやってきた36人のご婦人がたが、マティーニに酔っぱらって最高にご機嫌ではしゃいでいたとき、銃を持った２人の強盗が乱入してきて、全員に銃をつきつけ「宝石と金を残らず出せ」と命じた。パーティに浮かれていたご婦人がたのなかに、正しい反応を示した者は１人もいなくて、「いっしょに飲みましょうよ」と強盗たちを誘うだけだった。とんでもない成り行きに面食らった強盗は何もとらずに逃げだし、パーティは変わりなくつづけられた。

だから、シェークでもステアでもいい、ジンでもウォッカでもいい、オリーブありでもなしでもいいから、あなたにできる最高のマティーニをこしらえることだ。そうそう、あとでベルモットのボトルに蓋をしておくのを忘れないように。せっかちに飲んではいけない。時間は朝まであるのだから。いや、たぶん一生あるだろうから。いくら困ったことがおきても、マティーニがあれば解決できるのだから。

青山の原宿よりの奥にひっそりと孤塁を守る〈バー・ラジオ〉の尾崎浩司。

尾崎はグラスのコレクター。『バー・ラジオのカクテルブック』という著書もある。

付録Ｉ　ジンの簡単な歴史

フランシスクス・シルヴィウス、ジンの発明家。

ジンの起源はルネサンスにさかのぼる。16世紀のオランダ人医学者フランシスクス・シルヴィウスが初めてジンを造った人物であると、一般にいわれている。利尿剤として処方していた。以来、ジンの製法には伝統的に、コリアンダーの実、オーリスの根、オレンジ・ピール、桂皮、レモン・ピール、カルダモンの実、アンゼリカ、キャラウェイの実、ジュニパーの実（フランス語だとジュニエヴル。杜松《ねず》の実。これがジン独特の味を生みだすもととなっている）が含まれるようになった。バーボンやモルト・ウィスキーとちがって、ジンは原料に使われている穀物とのあいだに直接的な化学関係を持っていない。薄めたアルコールにジュニパーその他の植物エキスで風味をつけたものにすぎない。

アングロサクソン人のあいだでジュニエヴルの人気が高まるにつれて、彼らはその名を縮めてジンと呼ぶようになった。イギリスでも、国王の政治的決断によってジンが受け入れられるようになった。1688年、先代の国王ジェームズ２世がフランスに亡命した年に、オランダ人のオレンジ公ウィリアムが

ROYAL

英国王になった。そのときまで、ワインと蒸留酒の多くはフランスから輸入されていたが、ウィリアム王はフランスとの貿易を中止し、国産の穀物から蒸留酒を造る権利を英国民に与えた。イギリス国内のジン消費量は、1690年の推定50万ガロンから1727年の500万ガロンへと増加した。つぎの10年間で、４倍の2000万ガロンになっている。イギリスの人口は当時650万人だったから、１人が年間３ガロン消費した計算になる。

大部分はロンドンで消費された。人前で酔っぱらうのがロンドンの流行となり、そのため、1736年に議会でジン法が制定された。生産量を限定し、合法的な取引に重税を課そうという試みであった。この法律は２世紀後にアメリカで施行された禁酒法同様、効果をあげられなかった。蒸留所の多くがまともなジンの製造をやめてしまい、税金逃れのために、もっと粗悪なジンを造るようになったのだ。これは俗語で〝議会ブランディ〟と呼ばれ、ジン法の網の目をくぐり抜けるために工夫された〝ブランド名〟で販売された。カコルズ・コンフォート（寝取られ男の慰め）、ラスト・シフト（最後の手段）、レディーズ・ディライト（淑女の喜び）、グライプ・ウォーター（腹痛の薬）などがその一例である。1742年までに消費量は急増した。違法なジンを売る店が繁盛した。１万2000人あまりが逮捕されたが、留置場の混雑でそれ以上は収容しきれなかった。

1736年の法律はこうして惨憺たる結果となり、

前ページ／ウィリアム・ホガース《ジン小路》、1750‐51、銅版画。この古典的な版画には、ジンの飲酒が18世紀のロンドンにもたらした惨状が描きだされている。

LONDON
DRY GIN
47
BEEFEATER®

1742年に撤廃された。納得のいく税率が復活すると、信頼の置ける蒸留所では、ふたたび良質のジンの製造に着手し、誇りを持って酒造りにとりくむようになった。1749年に創立された〈ブース〉は、イギリス最古のジンのメーカーとして、いまも製造をつづけている。

その時代は、氷を入れずにストレートでジンを飲むのがふつうだった（氷はめったに手に入らない貴重品だったのだ）。粗雑な製法ゆえに苦みがあるため、砂糖で甘みをつけてごまかしていた。バイロン卿が「ジンの水割りこそ、わが霊感のすべての源」と言明したにもかかわらず、ジンがスラムの住民の液体阿片という評判から脱するには、１世紀以上の年月が必要だった。若き日のチャールズ・ディケンズは軽蔑をこめて〝ジン・パレス〟（けばけばしい安酒場）のことを書いているし、彼の作品の挿絵を描いていたジョージ・クルックシャンクもそれらを攻撃している。だが、ジンは徐々に紳士階級の家へ入りこんでいった。ついには、英国海軍の士官たちもジンをビターや、ほかのカクテル材料などと混ぜあわせるようになった。一時、グラッドストン首相がイギリス国内のパブの数を半分に減らそうと提案したことがあった。３年後に投票で破れたとき、「わたしはジンの奔流に押し流された」とコメントした。

イギリス人のジンの好みが辛口に傾いて糖分を排除するようになったのは、1800年代の終わりになっ

前ページ／ビーフィーターの広告。

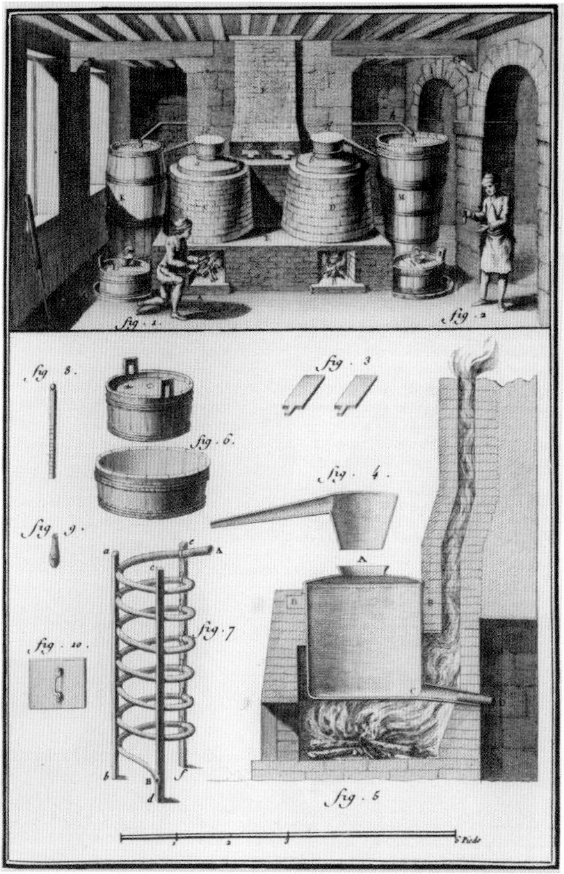

18世紀の蒸留装置。

てからであった。今日、ジンは基本的に、オランダ・ジンとロンドン・ジンの2種類に分けられる。イギリス産のものは2段階を経て造られる。穀物（トウモロコシが一般的）のマッシュ（もろみ）、ライ麦、麦芽を発酵させたものを蒸留すると、ほとんど風味のないアルコールが誕生する。蒸留所ではつぎに、香りづけの材料——植物やハーブから抽出した香り高いエキス——を加え、そのアルコールにエキスを混ぜ合わせたものを、造りたいと思うアルコール度まで蒸溜水でうすめる。オランダの製法はもっと単純で、最初にすべての材料を入れておくので、発酵する穀物と香りづけの材料が混ざりあったものを、低めのアルコール度になるように蒸留される。この理由から、ロンドン・ジンよりオランダ・ジンのほうがフルボディでアロマも豊かとされている。

付録Ⅱ　ベルモットの簡単な歴史

　ベルモットには約50種類の材料が使われていて、その調合と蒸留に４年ほどかかる。アルコール補強ワインをベースにして、ハーブや草の根（たとえば、サントリソウ〔アザミの一種〕、わすれな草、ニガヨモギ、ハコベなど）で香りづけをする。熟成、澱下げ、濾過、冷却、清澄、低温殺菌を経て、浮遊物を残らずとりのぞいていく。このプロセスによって、ベルモットは無色透明となる。

　ベルモットは古来より飲まれていた酒であ

前ページ／ノイリー・プラットの広告。

る。香りづけの中心として使われるのはニガヨモギ（アルテミシア・アブシンシウム）。ツンとくる香りを持った多年生植物で、ヨーロッパおよびアジア全域に分布している。ニガヨモギを浸したワインは黄疸やリューマチに効くとして、紀元前500年ごろにヒポクラテスが推奨しているし、ルネサンスのころには、イギリスの薬屋で医薬品として売られていた。

現代のベルモットに話を移すと、イタリアのピエモンテ地方がその主要生産地であった。早くも1678年に、レオナルド・フィオルヴァンティがこう書いている。「ベルモットには消化を助ける働きがある。血液の汚れをとりのぞき、すこやかな眠りを誘い、心臓を丈夫にする」ベルモットを飲ませる酒場は、1757年にできたのが記録に残っている最古のものだが、ブランド名が登場するのは1786年になってからで、カルパーノ社の「プント・エ・メス」が最初であった。これはたぶん、ほろ苦いベルモットだったと思われる——おそらく、今日飲まれているのと似たような辛口タイプだろう——しかし、19世紀に入ってからは甘みが強くなっていった。

今日、世界でいちばん有名なベルモットは、イタリアのトリノで造られているマルティーニ&ロッシであろう。マルティーニ&ロッシ社は1840年よりすこし前に企業化され、もともとはマルティーニ&ソーラ社として知られていた。社名の変更がおこなわれたのは、現場支配人だったルイージ・ロッシが共同所有者となったときだった。彼の４人の息子のもとで、社は急速な成長をとげていった。その成長に大きく寄与したのが斬新な広告だった。甘口のイタリアン・ベルモットで評判を築いた会社だが、現在は、辛口のフレンチ・ベルモットでも市場を支配している。

歴史を見ていけば、ベルモットは伝統的にロッソ（赤）系の酒だったが、1800年ごろから、フランスのマルセーユ地方で、南仏《ミディ》の白ワインをベースにした辛口の白いベルモットが造られるようになった。1812年になって、ノイリー・プラット社が設立されフランス人にこの辛口ベルモットのおいしさをわからせた。ノイリー・プラットが初めてアメリカに輸出されたのは1851年で、ニューオーリンズの港に到着した。1857年には、Ｃ・Ｊ・エドワード社の営業マンがニューヨークじゅうの薬局をまわって、この酒の売り込みにつとめていた。最初は伸び悩んでいたものの、1910年には、ノイリー・プラットはアメリカ国内で年間７万5000ケースを販売するまでになった。いまでは、市場に出ているベルモットのなかで、これが最高との評価を受けている。

イタリアン・ベルモットとフレンチ・ベルモットの主な違いは、甘さの程度である。また、イタリアン・ベルモットは赤みがかった色をしている。これは自然の成分ではなく、着色料の色である。それに対して、フレンチ・ベルモットはやや黄色みを帯びている。

次ページ／チンザノの広告。

CINZANO

訳者あとがき

〝カクテルはマティーニに始まって、マティーニに終わる〟

この科白は、このカクテルがこの世に姿を現わしてから今日に到るまで、150年以上にもわたって、粋なバーのバーマンとそこにとぐろを巻く呑ん兵衛達が語り継ぎ、かつ信じ続けて来たアフォリズム（箴言）である。

絵／山本博

この頃は、日本でも若くて活気があり機智にとんだバーマンが数多く現われ、毎年カクテル・コンクールで多彩な新顔のカクテルが誕生して、バー・カウンターのスターになっている。そのこと自体は悪い話ではないし、歓迎すべき現象なのだろう。しかしである、カクテルの極めつけ、神髄ともいうべきマティーニの影が薄くなっているのは嘆かわしい。
　本書を訳すのに当って、日本全国のみならず、アメリカ、英国、そしてフランス——神殿である〈ホテル・リッツ〉——まで、マティーニを飲んで廻った。しかし、グラスを見ただけで飲む気を失せさせる代物を始めとして、グラスに注がれたものをひと口すすっただけで舌が拒絶するものも少なくなかった。どうしてこんな堕落現象が起きてしまったのか？　バーマンの質が落ちたとか、腕が鈍ったときめつけるのは簡単である。しかし、そんな男の風上にも置けないような卑怯なことを言ってはいけない。最大の元兇は飲み手の舌が落ちたのだ。バーマンの身ごなしをうっとりと眺めるだけで肝心の酒に騒《うる》さく言う客がいなくなったのだ。カウンターに坐って、「マティーニを！」と言った瞬間から、バーマンと客との間の真剣勝負が始まっているのだ。飲み手の味覚が堕落していて良し悪しを指摘できなければ、バーマンがマティーニの逸品を創ろうという気を起さない。優れたマティーニは、客とバーマンとの精神的共同作業の作品なのだ。
　幸い、枝川公一の『日本マティーニ伝説』（小学館文庫）が出され、毛利隆雄の『MARTINI-ISM マティーニ・イズム』（たる出版）が出され、優れたマティーニ復活の兆しが出てきたのには力づけられる。

　僕のマティーニとの初遭遇は〈金坊亭〉だった。

マティーニ

訳者あとがき

『辻まことの芸術』宇佐見英治編（みすず書房）に載っているバーのカット。

テレビマンユニオンの創立者で長寿テレビ番組「オーケストラがやって来た」の初祖、萩元晴彦（以下申し訳ないが、敬称略）が《サントリークォータリー》の座談会の中で「すべては金坊亭から始まった」と述懐しているが、とにかくユニークなバーだった。渋谷宇田川町のオンボロ店舗裏の小便臭い路地にある小さな店で、売れっ子カメラマン秋山庄太郎が〈エーエーパール〉という洒落た名前をつけてくれたのだが、誰もそんな名前では呼ばなかった。カウンターに６人位しか坐れないのだが、どうして集ったのかよくわからないが客筋が尋常ではなかった。ヌシのように威張っていたのが喜劇俳優兼自称食通の古川ロッパと、時代小説家の雄、五味康祐。自民党院外と自称する政治ゴロがずいぶんいた。若手は後に日本テレビと読売テレビの役員になる中野曠三、劇団四季の浅利慶太、ラジオ東京の萩元晴彦、オートバイに乗っていた当時の小澤征爾も時々顔を見せた。どこから手に入れてきたのかわからないが、スコッチの一流銘柄が揃っていて、誰もがストレートかハイボールを飲んだ。誰かが、男たるもの飲むのはマティーニだと言いだしてから、店長金坊こと戸田清が出すようになった。僕も一応カクテルのことを知らないわけではなかったが、ひと口飲んでいらい虜になった。いろいろ注文をつけたり、耳学問の講釈を受け売りしているうちに、金坊の腕が次第に上昇し、結構うまいマティーニを出すようになり、こちらも病みつきになった（〈金坊亭〉はその後、銀座日航ホテルの隣りに移った。今はなくなった。残念無念)。

マティーニ党をもって任じていた僕の目、というより舌を広くしてくれたのが今井清だった。縁があって、フランス食品振興会《ソペクサ》のソムリエ・コンクールの審査員になったが、審査員のひとりに当時東京会館からパレスホテルに移った今井がいた。戦後の日本のトップバーテンダーであり、そのつくるマティーニが日本の正統派マティーニの元祖と畏敬されている。当然、そのマティーニを飲ませていただくことになったし、そもそもマティーニとは何ぞやということをご教授いただいた。

マティーニの神髄を探るには舌の武者修業をせんきゃならんと、有名なバーを飲んで廻った。銀座裏の蔦が茂っている〈ボルドー〉、銀座交詢社の〈サンスーシー〉（西川千代ママのマティーニはひと皮むけていた)、今のコリドー街の古川緑郎の〈クール〉、〈いそむら〉で修業していたあきちゃんこと永島明が移った〈けやきバー南蛮〉、御大稲田春夫ががんばっている〈三笠会館5517〉、柴田書店から華麗なカクテルブックを出した尾崎浩司の〈バー・

『リッツ・パリのカクテル物語』コリン・ピーター・フィールド著、山本博・山本やよい訳（里文出版）より。絵／植田洋子。

ラジオ〉、モダン・インテリアで時代を画した西麻布・斉藤耕一の〈ル・クラブ〉（ここのが一番好きだったが残念ながら閉店してしまった）、並木通りの古ビルの地下で今井マティーニの伝統を守っていた吉田貢の〈よ志だ〉、渋谷でがんばっている大泉洋の〈コレヒオ〉（今は〈コレオス〉）……いろいろあるが横浜、神戸、福岡、北海道まで行った。

日本だけでは視野が狭くなると考え、外国のマティーニ事情も偵察することにした。フランスは、ワインの関係で1969年以後毎年行くようになったから、機会があればマティーニを飲むようにした。ところが全然駄目だった。パリジャンはマティーニをはじめカクテルを飲む習慣がほとんどないのだ。パリには実に数多くのカフェがある。しかし、近所の親爺達がカウンターの前に群がって立飲みしているのはバロン（風船）というグラスでひっかける赤の安酒。今でこそヤングが飲むが、ひと昔まではビールはほとんど飲まれていなかった。日本人がビールをたのむと、赤い甘ったるい飲物が出て目を白黒させたという話は実際にあった

（ビェールと発音するリキュールがある）。パリにもアメリカ風のバーがないわけではない。カルチェ・ラタンに３、４軒あったが、出しているのはほとんどビールかウィスキーだった。レストランでマティーニを頼むと、現われてくるのは必ずといってよいようにイタリアのマルティーニ社のヴェルモット。

『酒について』キングズレー・エイミス著、吉行淳之介・林節雄訳（講談社）表紙。装幀・イラスト／佐々木侃司。

「カクテルね」と念をおしてたのむと、出す店がないわけではないが、大体変な顔をして首をかしげられる。ある地方の二つ星レストランで、ソムリエに念をおして頼むと、大丈夫というので安心していたが、出て来たのは確かにマティーニだったが、なんと暖かいのだ。困るのはマティーニより、ハイボールだった。冷蔵庫で作ったあのおぞましい四角の氷に、泡がほとんど立たない気の抜けたような天然ガス入りのミネラルウォーター、ペリエで作ってくる。パリの高級ホテル〈リッツ〉はフランスにおけるカクテルの発祥地とされている（チーフ・バーテンダ

ーのコリン・ピーター・フィールドが書いた、植田洋子女史のユーモラスな挿画入りの『リッツ・パリのカクテル物語』〔里文出版〕という本がある)。本書にも出てくるが、パリ解放時、ヘミングウェイがアメリカ軍をひきいて乗りこんで何十人分ものマティーニを注文したという伝説で輝いている。そこのマティーニすら、大きなグラスで出てくる失望落胆ものだった。

アメリカはカクテルの本場だから、どこへ行っても飲める。田舎の小さな街にある素朴なバーからニューオーリンズの伝説的な店、ワシントンの歓楽街、グリニッチ・ヴィレッジ、ニューヨークのライヴ・バー……手あたり次第マティーニを探しては飲んだが、どれもたいしたことはなかった。ロンドンと同じだが、まともなといえるマティーニにありつけるのは、大体高級ホテルのバーだった(そうした意味で、日本のマティーニのレベルは決して低くない。日本人の味覚は繊細なのだ)。

案外面白かったのがロンドンである。マティーニだけでなくカクテルはそもそもアメリカ生まれだが、イギリスでもカクテルは結構——ほとんど上流階級だが——飲まれている。ジェームズ・ボンドを生んだイアン・フレミングは英国人なのだ。それを解らせてくれるいい本がある。キングズレー・エイミスの『酒について』(講談社、原題 ***On Drink***)。吉行淳之介・林節雄の名訳で、実に面白い酒についてのユーモアエッセイ集になっている。実は、この本の原書は、基本的にカクテル・ブックで、ワインはつけたしになっている構成なのである。カクテルの部分は日本人にわかりにくいというので、訳にあたって後の方におしこみ、ワインを前面に出した形で訳出されている。ワインとカクテルの主従を逆転させた理由は、よく読んでみるとわかる。英国人なら読むと、誰でもクスクス、ゲラゲラ笑う内容なのだが、相当のコメントがつかないと日本人には解り難い（例えば、カクテルのレシピ〈タイン・ローズ〉〈レジナルド・ボーザンケットの黄金の万能薬〉など、さらりと読んだだけではなんでもない解説だが、よくよく考えてみると、筆者がからかって読者に一杯くわせて笑っているのがわかる）。とにかくこの本を読んでみると、英国人の酒についての考え方、飲み方がよくわかる。英国人のカクテルについての思いこみ、いかにカクテルが英国人のものになっているかがわかって奥が深い。呑ん兵衛たるもの必読の本で、マティーニについても、ちゃんと書いている一方で、「12〜15（の割合）ジン」というような眉に唾をつけて読まなければならない内容も含まれている。

ユーモラスな猫のマンガを描き続けている滑川公一の作品。猫もマティーニを飲んでいる。

　英国、いやスコットランド

絵／ 滑川公一

については、シングルモルトについての本を書いたり、マイケル・ジャクソン（〝キング・オブ・ポップ〞と同名異人）のウィスキーの本を訳したりした関係で、蒸留所《ディスティラリー》めぐりをしていた時代があった。そうした関係で英国各地を廻って、いかに「パブ」なるものが英国人の生活に密接に入りこんでいるかがわかったものだが、その結果開眼させられたのはエールの素晴らしさ、面白さだった。いわゆる正統パブなるところでは、マティーニを始めとしてきちんとしたカクテルは滅多にお目にかかれない。日本人が頭に描くようなバーはあまりなくて、正統的カクテルを飲みたければ高級ホテルのバーに行かなければならない。そこなら立派なマティーニにありつける。エイミスのこの『酒について』を読んでもわかるが、マティーニを始めとするカクテルが家庭で飲まれているのだ。

英国で面白いことに気がついた。「つらい30分」をいかにしのぐかという問題である。つまり正餐が始まるまで、お客がそろわないとかいろいろな理由で、食卓に着く前にどうしても待たされることがある。これをどうしのぐかという話なのである。フランスならシャンパンがあるじゃないか、いや英国のことだからシェリーもあるのではないかといわれるかもしれない。しかしシェリーでは、どうもひとつもの足りない。そこで、その時にマティーニを飲んだらいいということになった。つまり、きちんとした食事の前に飲んで許されるカクテルは、唯一マティーニということになったのだそうである。これはやってみると実に都合がいい。僕のように神経がさ さくれたつ仕事に朝から拘束されている職業人種にとって、マティーニのように頭にガツンとくるものを一杯ひっかけると神経のいらだちが治まり、おいしい食事を快く味わえる精神状態になれる。そこで、いつもこれをやっている。これのもうひとつの利点は、良いレストランのソムリエ君の中に、なかなかいけるマティーニを出す者がいるのを発見できることだ。

絵／滑川公一

いつもこれをやっていて、侮蔑と尊敬の的になっているのに気づかれた早川浩社長が、これを訳してみないと渡してくれたのが本書である。ざっと目を通しただけで、これぞ

マティーニ

訳者あとがき

The Martini 原書

我が本と、喜び勇んでお引き受けした。一部にすこぶる手強い部分があるのに気がつき、ミステリの翻訳の名手、山本やよいさんを拝みたおして、このような名訳が仕上がった。あっちこっちのバーで、そのうちすごい本が出るからねと言いふらしているうちに、大事件が持ち上がった。アメリカのこの本の出版社が写真・カットその他について二次使用権を取っていなかったのである。出版社とすれば、この本が外国で翻訳されることがあるとは考えてもみなかったらしい。本書は原書を見ていただくとわかるが、懐かしの名画のシーン、多くのモダンアート、コミカルなカットがその魅力のかなりの部分を占めている。早川書房の編集部が調べてくれたがそのひとつひとつに使用承諾を求めるのは不可能に近いことがわかった。

そこで挫折というか、本書の出版をいったん断念することになった。あちこちに本書のことを言いふらした手前もあり、僕が本書の日本紹介に執念を燃やしているのを理解してくれた早川社長と千田編集長と相談した結果、本文の出版権だけをとり、写真カット類は使えるものは使い、あと全部日本で集めて1冊にしようということになった。コラムの中でアメリカ人が読むと吹き出すが、日本人がわかるためにはおそろしく長いコメントをつけなくては無理という部分は（山本やよいさんが一番苦労した部分）、残念だがカットすることにした。こうして出来上った本だが、お読みいただければ、これぞマティーニの本と実感されるだろう。

最近は銀座でも素晴らしいマティーニを出してくれるバーも何軒かある。吉田貢の〈Y & M Bar KISLING〉、毛利隆雄の〈MORI BAR〉、森勝宏の〈Bar R〉、岸久の〈スター・バー〉、上田和男の〈テンダー〉、毛利隆雄から井口法之・堀井健児にバーテンが代わった〈ガスライト〉、永島明の〈けやきバー南蛮〉、オーナーが永井荷風の養子で古いたたずまいの〈偏䖝館〉、1年365日休まない木村弘の〈カーネル〉、新橋駅近の柳倉武の〈ICHIYO〉など……。ひと廻りするだけで結構財布が軽くなる。それだけでなく大手のホテルのバーはだいたい及第点のマティーニを出すし、レストランでも結構いいマティーニをつくってくれるというところがある。ことに昔と違う点は、以前はジンといえばゴードン一本槍だったが、今ではタンカレーを始め多くのジンを揃えているバーが増えている。有難くないのは、ヴェルモットである。叱られることを覚悟であえて言わせてもらえば、ノイリー・プラットの堕落である。いろいろ考えと批判はあるだろうが、今のノイリーはひと昔前のものとは絶対に違う。ノイリーがおかしくなったのに気がついた時、替るものを探してわざわざグルノーブル近くのシャンベリーまで行

絵／山本博

ったことがある（今でもドラン社ほか２、３のものなら手に入るが、現地には良いものが10社くらいある）。これで作ったマティーニは一風変わった趣きがある（だまされたと思って一度試してみたらいい）。ウォッカ・マティーニは僕はジェームズ・ボンドじゃないからわざわざ作ってもらう気にならない。またご存知のギブソンも、名バーマンの腕にかかるとマティーニ党が許せるカクテルになる（いや、これは絶対にマティーニのカテゴリーなのだ）。

本書の出版で、日本に１人でも多くのマティーニ党が増えること、素敵なマティーニを出すバーマンが現われてくれることを期待したい。そうなれば僕も生命のあるかぎり、マティーニ巡礼が出来るというものである。

本書が日本で陽の目をみる決断をして下さった早川浩社長、流暢な美文を訳して下さった山本やよいさん、そして換骨奪胎という難作業をやってのけて下さった千田宏之編集長に心からお礼を申し上げたい。

2010年１月吉日

マティーニ

2010年3月20日　初版印刷
2010年3月25日　初版発行

著　者　バーナビー・コンラッド三世
訳　者　山本《やまもと》　博《ひろし》
発行者　早川　浩
印刷所　三松堂株式会社
製本所　大口製本印刷株式会社
発行所　株式会社　早川書房
郵便番号　101-0046
東京都千代田区神田多町2-2
電話　03-3252-3111（大代表）
振替　00160-3-47799
http://www.hayakawa-online.co.jp

ISBN978-4-15-209121-5 C0077
定価はカバーに表示してあります
Printed and bound in Japan